Les Beautés

de

LORD BYRON

Galerie de quinze tableaux

tirés de ses œuvres

Accompagnés d'un Texte traduit

par

AMÉDÉE PICHOT

Paris,

Chez Aubert et Cie, Éditeurs,

Galerie Véro-Dodat,

et chez Giraldon, éditeur, 15, faub. Montmartre.

LES BEAUTÉS

DE

LORD BYRON.

IMPRIMERIE DE A. ÉVERAT ET Cᵉ,
rue du Cadran, 14 et 16.

Beautés

DE

LORD BYRON

Paris

Chez AUBERT, Md d. Estampes,

Galerie Vero-Dodat, 38,

et chez GIRALDON, Editeur faubourg Montmartre, 15

LES BEAUTÉS

DE

LORD BYRON

GALERIE DE QUINZE TABLEAUX

TIRÉS DE SES ŒUVRES.

ACCOMPAGNÉE D'UN TEXTE

TRADUIT

PAR AMÉDÉE PICHOT.

PARIS.

CHEZ AUBERT, MARCHAND D'ESTAMPES,

GALERIE VÉROT-DODAT,

ET CHEZ GIRALDON, ÉDITEUR,

13, FAUBOURG MONTMARTRE.

—

1839.

AUBERT ET COMPAGNIE, ÉDITEURS,

GALERIE VÉRO-DODAT.

LIVRES ILLUSTRÉS,

**Albums et Livres-Albums, Ouvrages de plaisir et d'instruction,
Recueils pour l'amusement des Soirées, Alphabets
en images, Modèles de dessin, etc., etc.**

GALERIE DE LA PRESSE, DE LA LITTÉRATURE ET DES BEAUX-ARTS, portraits et biographies de tous les personnages marquants à Paris, dans les lettres et dans le journalisme; dans la peinture, la sculpture, la musique, le théâtre, la danse, etc., etc. — Portraits par MM. Alophe Menut, Gigoux, Devéria, Célestin Nanteuil, Benjamin. — Directeur des dessins, M. Ch. Philipon; directeur du texte, M. Louis Huart. Belle impression, beau papier, format du présent ouvrage. 2 magnifiques volumes, composé de 100 livraisons. Prix.............................. 50 fr.

LA REVUE DES PEINTRES, 250 tableaux, dessins ou aquarelles des artistes modernes, copiés dans les salons d'exposition et les galeries particulières. — L'ouvrage entier se compose de 4 volumes, savoir : deux volumes avec texte, et deux volumes sans texte. Prix de l'ouvrage entier : cartonné.. .... 74 fr.
Séparément : les 2 volumes, sans texte, cartonné   50
— Les 2 volumes, avec texte, cartonné   44

BEAUTÉS DE LORD BYRON, traduction de M. Amédée Pichot; 45 gravures par les premiers artistes de Londres, reproduisant les scènes les plus intéressantes des différents ouvrages de Byron. — Ce keepsake, le plus beau qui ait été publié à Paris, est un magnifique présent à faire à une dame ou à une demoiselle. Prix : broché............................... 15 fr.
Cartonnage riche.........................   20
Cartonnage maroquin, très-riche............   24

LE VOCABULAIRE DES ENFANTS, dictionnaire illustré par plus de 700 dessins gravés sur bois et intercalés dans le texte pour fixer l'attention des enfants, les exciter à la lecture et arrêter dans leur mémoire, au moyen des images, le souvenir des mots, celui de leur application et de leur orthographe. Édition de luxe, grand in-8o, beau papier vélin satiné; impression de Lacrampe et Compagnie. Prix : broché.... 12 fr.
Cartonné.............................   14
Cartonnage de luxe, doré, etc...............   16

DIX ANS DE LA VIE D'UNE JEUNE FILLE, par madame Camille Bodin; grand in-4o, imprimé par Lacrampe et Compagnie, orné de dix jolies lithographies, par C. Bour; très-élégant cadeau pour une jeune demoiselle. Prix : en noir broché............... 10 fr.
Cartonné...........................   42
Cartonnage riche...................   48

KEEPSAKE DE LA JEUNESSE, par Ch. R.; joli volume grand in-4o, orné de 16 jolies lithographies, par Louis Lasalle. Prix....................

LE LIVRE ALBUM, petit livre oblong, contenant des récits, des nouvelles, des articles intéressants et un grand nombre de jolies lithographies. Prix : broché.............................   5 fr.
Cartonné...........................   7

LA MÈRE GIGOGNE, texte de Mme de Savignac, dessins d'après Victor Adam; charmant petit livre album destiné aux enfants. Prix : broché...........   7 fr.
Cartonné...........................   9
Couleur, cartonné...................   48

GALERIE PITTORESQUE DE LA JEUNESSE, ornée de 40 belles lithographies, dessins d'après Victor Adam, texte de Mme Alida de Savignac; in-4o oblong. Prix : cartonné, noir.......................   40 fr.
Colorié avec soin par un artiste..............   25

ABÉCÉDAIRE MINIATURE EN ACTION, joujou instructif, avec un joli texte par Mlle Julia Michel; plus de 100 jolies lithographies. Prix : en noir...   2 fr. 50
Couleur, très-soigné.....................   6

NOTA. Ces trois ouvrages, bien qu'ils soient de notre fonds, existent dans le commerce, coloriés d'une manière moins soignée. Nous avons préféré vendre le coloris un peu plus cher et le donner supérieur.

L'ALPHABET ILLUSTRÉ, par Forest; joli petit livre contenant 25 dessins gravés sur bois et remplaçant ces mauvais Abécédaires dans lesquels on a coutume d'apprendre à lire aux enfants. Prix...............   1 fr.

ALPHABET PITTORESQUE, dessiné par Bouchot; joli petit volume très-amusant, et propre à enseigner sans peine la lecture aux enfants. Prix : broché....   2 fr.
Cartonné..........................   3
Couleur, cartonné.....................   6

LE BONHEUR DES ENFANTS, première édition; charmant album oblong, contenant une multitude de jolis petits sujets d'enfants occupés à tous les jeux, tous les plaisirs qui font le bonheur de leur âge. Cet album est incontestablement un des plus intéressants qui aient été faits jusqu'à ce jour. Prix : en noir, broché.   6 fr.
Cartonné..........................   8
Nous n'aurons probablement pas le temps d'en faire colorier.

ALPHABET EN BANDES. Il existait dans le commerce un grand nombre d'Alphabets de ce genre, très-mal dessinés, imprimés et coloriés: nous avons eu l'idée d'en faire exécuter par de bons artistes, de les imprimer avec soin sur beau papier et de les faire colorier avec goût. Nous les vendons presque au même prix, et nous avons obtenu un succès prodigieux.
Le nombre de nos Alphabets en grandes bandes est de quinze, et nous en établissons encore de nouveaux.
Nous avons des Alphabets par, ou d'après MM. Victor Adam, Devéria, Daumier, Bouchot, Forest, Lasalle, Travies et autres.
Ces Alphabets enseignent la lecture aux enfants par des sujets de toute sorte; tel Alphabet est composé de sujets comiques, de caricatures; tel autre de sujets sérieux et intéressants; d'autres sont des costumes de différents pays, des oiseaux, des quadrupèdes, etc., etc. Prix de chaque Alphabet: en noir...   1 fr. 50 et 2 fr.
En couleur................   5 et 4

LES BOULEVARTS DE PARIS, deux grandes bande de dessins, de vingt-cinq pieds de longueur chacune représentant exactement tous les boulevards, depuis la Madeleine jusqu'à la place de la Bastille.
Chaque côté du boulevart. Prix : en noir....   6 fr.
En couleur.......................   10

MODELES DE DESSIN, pour la figure, pour les animaux ou pour le paysage. Nous avons en ce genre des recueils en cahiers, ou réunis dans des portefeuilles : c'est un utile présent à offrir aux personnes qui étudient le dessin. Le prix de ces collections varie suivant la quantité de modèles.

L'ALBUM DES DEMOISELLES, 24 fort jolis sujets choisis dans la belle collection de la *Revue des peintres*, sujets qui conviennent à des demoiselles. Prix : broché.. 6 fr.
Cartonné.. 8

LE COLORISTE DE LA FLEUR, album destiné à enseigner, d'une manière facile et sans maître, le coloris de la fleur. Un modèle colorié graduellement se trouve placé en regard du même dessin tout encollé, tout préparé pour recevoir la couleur. Prix : cartonné... 20 fr.

LES PASSE-TEMPS, croquis très-nombreux et très-variés, par Victor Adam ; cet album est un des plus amusants recueils qu'on puisse placer sur la table d'un salon. Prix :
Album de 40 feuilles, en noir, broché....... 24 fr.
Id.   —   noir, cartonné..... 26
Id.   —   couleur, cartonné.. 60
Album de 20 feuilles, noir, broché....... 12
Id.   —   noir, cartonné..... 15
Id.   —   couleur, cartonné. 30

LES MILLE ET UN CROQUIS, album du même genre que le précédent, par L. Lassalle. Prix :
Album de 40 feuilles, noir, broché........ 16 fr.
Id.   —   noir, cartonné..... 18
Id. de 20 feuilles, noir, broché........ 8
Id.   —   noir, cartonné..... 10

LES ROBERT-MACAIRE, grande édition sans texte, format quart jésus, dessins originaux de Daumier. Prix : 100 feuilles, en noir........................ 40 fr.
— en couleur.. 50
5 fr. en plus pour cartonnage.

LES CENT ET UN ROBERT-MACAIRE, réduction des grands dessins de Daumier, accompagnés d'un texte comique et explicatif, par MM. Maurice Alhoy et Louis Huart ; 2 beaux volumes, grand in-4o, beau papier, impression de luxe. Prix : 20 fr. pour Paris, et 50 fr. pour les départements.

LE MUSÉE POUR RIRE, 100 caricatures choisies parmi les meilleurs croquis des premiers artistes en ce genre, et accompagnées d'un texte, par MM. Maurice Alhoy, Louis Huart et Ch. Philipon ; grand in-4o, beau papier, impression de luxe. Prix : 20 fr. pour Paris, et 50 fr. pour les départements.

LES MÉTAMORPHOSES DU JOUR, ou LES HOMMES A TÊTES DE BÊTES. Cette délicieuse collection de caricatures, qui a commencé et établi la réputation de notre célèbre Grandville, était d'un prix fort élevé. Nous nous en sommes rendus éditeurs, et au lieu de 60 fr. que se vendaient les 74 dessins en couleur, et en feuilles, nous les vendons coloriés et cartonnés. Prix... 45 fr.
En noir, broché.. 6
—   cartonné.. 8

UN MILLION DE CROQUIS, charmant album dont le titre est un peu menteur, mais qui n'en reste pas moins un des recueils les plus goûtés pour cadeau d'enfants. Prix : broché................................. 5 fr.
Cartonné.. 6
Couleur.. 10

LE MUSÉE AUBERT (dernière édition), 64 caricatures très-comiques ; charmant album oblong. Prix : broché.. 5 fr.
Broché, couverture de couleur........................ 6
Cartonné.. 6
Id., couleur.. 12

LE BIEN ET LE MAL ; album très-distingué. Prix : 20 feuilles, noir, broché..... 12 fr.
Id., cartonné.. 15
Id., couleur... 30

ALBUM ALPHABÉTIQUE, petit album dans lequel les personnages sont rangés par ordre alphabétique. Prix : noir, cartonné... 5 fr.
Couleur.. 6

L'AMUSEMENT DES SOIRÉES, album de caricatures destinées à orner la table d'un salon pendant les soirées d'hiver. Prix.. 8 fr. 50

M. JABOT, histoire caricaturale d'un fat , ses poses, ses gestes, ses manières, ses succès dans le monde, ses duels, et enfin son mariage avec une vieille folle. Album très-divertissant qu'on place avec succès sur la table d'un salon, à la campagne, ou pendant les soirées d'hiver. Prix : broché....................... 6 fr.
Cartonné... 8

M. CREPIN, tribulations d'un père de famille et les essais qu'il fait, pour ses enfants, de tous les systèmes d'éducation. Critique amusante des précepteurs et des pensionnats. Prix : broché........................... 6 fr.
Cartonné... 8

M. VIEUX-BOIS, aventures d'un amoureux suranné, les accidents qui viennent traverser ses amours, et comment quoi, après de nombreuses vicissitudes, il finit par épouser l'objet aimé. Prix : broché.............. 6 fr.
Cartonné... 8

M. LAMELASSE, épicier et officier de la garde nationale, ses contrariétés et sa mort, parfaitement invraisemblables. Album-folie, dans le genre des précédents. Même prix.

M. LAJAUNISSE, album baroque, sans queue ni tête, croquis sans rime ni raison , mais très-amusant. Même genre et même prix que les précédents.

LE KEEPSAKE DES ENFANTS (édition de 1858), nombre infini de petits dessins divertissants. Prix : broché.. 5 fr.
Cartonné... 8

LE LIVRE D'IMAGES, album extrêmement amusant, contenant toute espèce de sujets, par les premiers artistes. Prix : en noir, broché..................... 6 fr.
Id.   —   cartonné.............. 8
En couleur, cartonné..................................... 15

L'ALBUM DES ENFANTS. Cet album, le premier de ce genre que nous ayons fait, s'est vendu à 8,000 exemplaires. Nous en avons réduit le prix à : broché.. 5 fr.
Cartonné... 8

CARTONNAGES-JOUJOUS.

Nous offrons un très-grand choix de cartonnages , c'est-à-dire de jolis petits théâtres renfermés dans des boîtes en carton ; de jeux, de batailles, en un mot de joujoux dessinés , gravés et cartonnés. — Il en existe de tout prix, 5 fr., 6 fr., 8 fr., 40 fr., et au-dessus.

BOITES A COULEURS.

On trouve également dans nos magasins des boîtes à couleurs de tout prix, pour les enfants et pour les artistes.

GRAVURES ENCADRÉES
POUR L'ORNEMENT DES APPARTEMENTS.

Une liste de ces sujets serait impossible à faire ; il nous suffira de dire qu'on trouve dans notre maison toutes les gravures nouvelles publiées en France, que les épreuves sont choisies par un artiste, notre associé, que les cadres et bordures sont garantis pour la dorure véritable et solide.

Tout le monde sait que les mêmes gravures encadrées dans des bordures de même largeur, peuvent avoir une valeur très-différente, soit par le choix des épreuves, soit par la qualité de la dorure.

Les bonnes gravures encadrées sont moins chères qu'on ne le pense généralement. Les personnes qui voudront orner leurs appartements ou faire présent de ces sortes de tableaux , trouveront dans nos magasins de fort jolis sujets, gravés et encadrés, depuis 50 fr., 40 fr., 50 fr. et au-dessus.

Nous avons huit fort jolies chasses en couleur, encadrées dans des bordures de sapin du Nord , pour le prix de 10 fr. la pièce.

Les personnes qui habitent les départements pourront nous adresser la somme qu'elles veulent consacrer à des encadrements, en nous disant à peu près quelle nature de sujets elles préfèrent (chasses, paysages, sujets intéressants, etc.) ; nous leur adresserons des tableaux dont elles seront sûrement satisfaites.

Etudes.

Les modèles de dessin par M. Julien sont reconnus les meilleurs de tous ceux qui ont paru jusqu'à ce jour. L'exécution lithographique permet à l'élève de suivre et d'imiter le travail de l'artiste bien plus facilement et avec moins de sécheresse que l'exécution du burin.

Les collèges royaux, les écoles gratuites, et tous les professeurs de Paris ont adopté l'usage des modèles de M. Julien, à l'exclusion de tous les autres ouvrages de ce genre.

TÊTES D'ÉTUDE d'après tous les peintres modernes.
Chaque feuille..... .... 1 fr. 50
Le nombre de ces modèles est déjà de 56 : la collection continue.

COURS PROGRESSIF DE DESSIN, depuis le premier trait du premier principe jusqu'au dessin terminé, paraissant par cahier de 12 feuilles, et se vendant indistinctement par cahier ou par feuille.
La feuille................................ 75 c.
Le cahier................................. 9 fr.
7 cahiers sont en vente, mais la collection se continue.

PETITS MODÈLES DE DESSIN, cours également progressif, et différent du précédent quant au choix des dessins, fait en petit format pour les écoles qui n'ont pas de cadres assez grands; se vendant comme le précédent, par cahier ou par feuille.
La feuille................................ 50 c.
Le cahier de 12 feuilles................. 6 fr.
4 cahiers ont paru ; la collection se continue.

ÉTUDES ACADÉMIQUES, modèles de corps entiers, hommes et femmes, dessinés d'après nature.
La feuille.................................... 2 fr.
48 feuilles sont en vente; la collection se continue.

FRAGMENTS, études de pieds, mains et torses.
La feuille................................. 1 fr. 50
8 feuilles sont en vente; la collection se continue.

Nous allons publier des académies drapées et des études religieuses par le même artiste.

Etudes par M. Numa.

ACADÉMIES D'APRÈS NATURE, hommes et femmes.
12 feuilles. La feuille.................... 1 fr. 50

ACADÉMIES D'APRÈS L'ANTIQUE, hommes et femmes. La feuille............................ 1 fr. 50

ÉTUDES D'ÉCORCHÉS. 2 feuilles. Prix de chacune..................................... 1 fr. 50

Etudes par Chatillon.

ACADÉMIES D'APRÈS NATURE. 6 feuilles. Chaque feuille..................................... 1 fr. 50

MINERVE ET TÉLÉMAQUE, 2 grands modèles de têtes destinés spécialement pour les concours. Chaque feuille..................................... 3 fr.

TÊTES DE VIERGES D'APRÈS RAPHAEL. Six belles têtes religieuses. Chaque feuille...... 1 fr. 50

Etudes d'animaux.

ANIMAUX DE COOPER, lithographiés par Lenerth; imprimés en deux teintes pour imiter les retouches de crayon blanc sur papier de couleur.
Paraissant par cahier de 6 feuilles et se vendant indistinctement en cahier ou en feuille.
La feuille.................................. 75 c.
Le cahier de 6 feuilles.................... 4 fr. 50
5 cahiers sont en vente; l'ouvrage se continue.

ÉTRENNES AUX PAYSAGISTES, études d'animaux, par Victor Adam.
24 feuilles. La collection.................. 18 fr.
La feuille........ .... 75 c.

Études de fleurs.

SIX FLEURS ANGLAISES. Ces planches sont les copies très-exactes de six feuilles faites et publiées à Londres; ce sont de fort bonnes études.
Les 6 feuilles en couleur.................. 12 fr.
La feuille   Id. 2

Études de paysages.

Ces études sont trop nombreuses et trop variées pour qu'il soit possible de les décrire ici.

ÉTRENNES PITTORESQUES, cahier de huit jolies études élémentaires de paysages, par Lauters, de Bruxelles, imprimé sur papier de Chine.
Le cahier................................... 5 fr.

VUES DES PYRÉNÉES, 12 feuilles, par Fourmois, de Bruxelles.
La feuille.................. .... 1 fr.

Études d'ornements.

Nous allons publier un cours complet et gradué d'ornements de différents styles, par M. Rousseau, sous la direction de l'école gratuite de Paris, pour toutes les écoles de France. C'est un ouvrage qui manque absolument.

L'ORNEMENTISTE, par Chenavard ; magnifique collection d'ornements dessinés au trait, pouvant servir aux décorateurs, aux orfèvres et à tous les autres industriels. 12 cahiers de 6 feuilles.
Prix du cahier............................. 5 fr.
La collection.............................. 60

ORNEMENTS DE DIFFÉRENTS STYLES, par Boullemier, de la manufacture royale de Sèvres. Quatre-vingt-dix feuilles de toute espèce d'ornements et ajustements, d'après tous les matériaux des bibliothèques royales et pour tous les emplois de l'ornementation.
Prix de chaque feuille..................... 75 c.

FOUILLIS DE DÉCORATION, par un autre artiste de la manufacture de Sèvres. 12 feuilles. Chaque feuille..................................... 75 c.

LE DÉCORATEUR DE PORCELAINE, par M. Schilt, de la manufacture royale de Sèvres. Ornements mêlés d'oiseaux, de fleurs et de figures; feuilles.
La feuille en noir........................ 75 c.
Idem,   en couleur.................... 1 fr. 25

ANCIENNE ARCHITECTURE MORESQUE ET ITALIENNE. 12 feuilles imprimées en 5 et 6 couleurs.
La collection............................. 15 fr.

Dessins pour les manufacturiers de tous genres.

MATÉRIAUX DU DESSINATEUR d'étoffes de soie, de toiles peintes, de papiers peints, etc.; 276 feuilles, toutes remplies de croquis divers, fleurs, bizarreries, etc., pour toutes les applications de la fabrique.
Prix de la feuille en couleur............. 1 fr.

LE DESSINATEUR LYONNAIS;

LE DESSINATEUR DE DENTELLES;

LE BRODEUR;

LE DESSINATEUR DE MOUSSELINES

LE DESSINATEUR PARISIEN.

DESSINS DE PILLEMENT POUR LA SOIERIE.

1 fr. la feuille.

Ces différents ouvrages sont, ainsi que leurs titres l'indiquent, destinés aux fabricants; mais on aurait tort de les croire absolument spéciaux à l'industrie indiquée par le titre; un dessinateur trouve partout des motifs applicables à sa spécialité.

LES ARCHIVES DU DESSINATEUR, Recueil en noir, contenant des myriades de matériaux choisis dans tous les ouvrages anciens et modernes, dans les anciennes et les nouvelles étoffes, etc., etc.; 6 cahiers de 50 feuilles chacun.

La collection.............................. 30 fr.

Il est inutile de faire observer que, tous les ouvrages d'ornements rentrant dans la catégorie des recueils utiles aux fabricants, il en est de même, pour la porcelaine et quelques autres industries, des ouvrages à figures, dans les genres de croquis et de macédoines.

Croquis et petits Sujets.

MACÉDOINES D'AUBERT; c'est ainsi qu'on désigne, dans le commerce, l'immense collection de macédoines publiées par notre maison. Cette série, qui s'est élevée à plus de 400 planches, comprend tous les genres, petits sujets sérieux, intéressants, comiques; sujets religieux; fleurs, paysages, animaux, etc., etc. Ces feuilles sont employées pour tous les usages d'agrément et d'industrie, pour le décalcage, la découpure, l'ornement des boîtes, le cartonnage, la porcelaine, etc., etc.

Prix de la feuille.......................... 1 fr.

LES BABIOLES, 18 feuilles de très-petits sujets pour la découpure.

Prix de la feuille coloriée................... 1 fr.

LES PASSE-TEMPS, par Victor Adam; 180 feuilles toutes remplies de petits croquis de tous genres.

La feuille en noir.................... » 85 c.
——— en couleur................... 2 fr. »

LES MILLE ET UN CROQUIS, par Louis Lassalle; feuilles remplies de petits dessins d'enfants, costumes divers, etc.

Prix de la feuille....................... » 60 c.
——— en couleur............... 1 fr. 50

Costumes.

LE MUSÉE DE COSTUMES. Très-grande collection de petits modèles de costumes pour bals masqués, travestissements et comédie. La collection est de 250 pl. en couleur (elle se continue).

Prix de chaque........................... 30 c.

TRAVESTISSEMENTS DE CETTE ANNÉE, par Gavarni et Alophe.

18 feuilles en couleur; chaque feuille.......... 1 fr.

COSTUMES DE MODES DE TOUS LES JOURNAUX DE TOILETTE. Tous les journaux font, dans notre maison, un dépôt de dessins de modes; parmi les meilleurs nous devons citer, en première ligne, ceux de LA MODE, journal de l'aristocratie.

Sujets d'Enfants.

LES PETITS AMIS, 24 feuilles représentant des enfants qui jouent avec des animaux. Collection fort intéressante pour des enfants.

Prix de la feuille.......................... 75 c.

A cette sorte de sujets viennent se rattacher tous nos albums et ouvrages d'étrennes, si nombreux et si variés.

Grands sujets.

PHYSIONOMIE DE LA SOCIÉTÉ EN EUROPE, très-bel ouvrage, incontestablement un des chefs-d'œuvre de la lithographie, composé et dessiné sur pierre par Madou, pour donner une idée vraie des costumes et des mœurs de la société européenne, depuis 1400 jusqu'à nos jours. 14 grandes lithographies.

Prix de chacune en noir.................... 3 fr.
sur papier de Chine, avec
entourage............. 5
en couleur. 8

LE BAL IMPROVISÉ ET LE DINER DANS LE PARC, 2 grandes planches par le même auteur.

En noir, chaque feuille................... 6 fr.
En couleur, idem.................. 12

LE BEAU PETIT GARÇON ET LA BELLE PETITE FILLE, 2 jolies lithographies par Julien.

En noir, chacune......................... 2 fr.
En couleur............................ 4

ALBUM DU CHASSEUR, 8 feuilles propres à former de jolis petits tableaux de salle à manger. — Paysages par Tirepenne, Bichebois et Sabatier; figures par Victor Adam.

En noir................................. 1 fr. 50 c.
En couleur...................... 5 »
Colorié et encadré dans une bordure de
2 pouces 1/2 en sapin du Nord......... 8 »

Coloris retouché.

Nous offrons un choix infini de lithographies coloriées et retouchées à la gouache par des artistes. Nous avons des dessins de ce genre dans tous les formats et de tous les prix.

DESSINS PAPYROGRAPHIQUES. Nous avons des dessins imprimés sur un papier préparé et à une encre particulière, pour en faciliter le décalcage. Ces dessins se décalquent à la minute et ne manquent jamais.

Nous allons publier des dessins de ce genre en couleur, lesquels se décalqueront avec la même facilité.

Caricatures.

Notre Fonds possède plusieurs milliers de Caricatures pour tous les artistes de ce genre. Voici une indication de quelques séries; le prix est de 75 c. la feuille :

LES ROBERT-MACAIRE, 100 planches.

LES COULISSES, par Gavarni, 54 planches.

LE CARNAVAL, idem, 25 planches.

LA BOITE AUX LETTRES, idem, 34 planches.

LES FOURBERIES DE FEMME, idem, 42 planches.

LES CROQUIS D'EXPRESSION, par Daumier et autres, 70 planches.

LES TRIBULATIONS DE LA GARDE NATIONALE, par Bouchot, 27 planches.

LES CONTRIBUTIONS INDIRECTES, idem, 48 pl.

CE QUE PARLER VEUT DIRE, idem, 50 planch.

LES MARIS VENGÉS, par Gavarni, 18 planches.

LES PETITS MALHEURS DU BONHEUR, id., 12 pl.

LE MIROIR CARICATURAL, par divers (se continue).

TROP TOT, TROP TARD, par Bouchot (se continue).

LES ARTISTES, par Gavarni, 12 planches.

LE BON COTÉ, par Pruche, 12 planches.

DÉSAGRÉMENTS DES VOITURES PUBLIQUES, idem, 12 planches.

GALERIE PHYSIONOMIQUE, par Daumier, 34 pl.

DIVERS SUJETS, par Pigal, 25 pl.

LES MAYEUX, 30 pl.

Nous publions environ 600 caricatures par an.

TYPOGRAPHIE LACRAMPE ET COMP., RUE DAMIETTE, 2.

AVANT-PROPOS

DE L'ÉDITEUR.

Quoique moins varié dans ses sujets, quoique développant souvent le même caractère sous des attributs différents, lord Byron n'a guère moins inspiré les artistes que son rival sir Walter Scott. Le pinceau et le burin ont popularisé tous ses poëmes, et quelquefois avec bonheur. Nous doutons cependant qu'aucun recueil de gravures servant d'illustration aux œuvres du grand poëte de la Grande-Bretagne moderne puisse soutenir la comparaison avec celles que contient ce volume. Chacune de nos planches est un tableau de genre qui suffirait au succès d'une collection.

C'est que l'éditeur a voulu hardiment surpasser tous ceux qui l'avaient précédé. Aussi a-t-il écarté de cette première série tout ce qui aurait pu nuire à sa prétention ; il en est résulté que, sous le titre de *Beautés de lord Byron*, notre volume n'offre par le fait qu'un choix de sujets pris dans une partie des œuvres du poëte : mais du moins notre texte ne se réduit-il pas à une suite de petits extraits sans aucun intérêt. Trois poëmes presque entiers

1

sont reproduits par nous à côté des belles gravures que nous publions pour la première fois en France, ce qui nous a paru préférable à ces mutilations maladroites qui laissent souvent inintelligible la pensée de l'artiste comme celle du poëte.

NOTICE BIOGRAPHIQUE

SUR LORD BYRON.

Semblables à ces drames où tous les personnages sont subordonnés au personnage principal, les poëmes de Byron n'ont qu'un héros, toujours le même, et ce héros c'est lui, tantôt sous un nom, tantôt sous
un autre, et avec des attributs plus ou moins romanesques. De cette identité on a quelquefois tiré sans
doute des conclusions un peu forcées en mettant sur le compte du poète des aventures fabuleuses, et surtout des actions fort peu honorables selon les idées de notre morale et de notre civilisation; mais toujours
est-il vrai que la vie de Byron est tout entière dans ses œuvres, et qu'elle serait peut-être plus complète
là, écrite en notes marginales, qu'en un récit suivi, mais séparé. Aussi les Mémoires qu'il avait confiés
à Thomas Moore étaient-ils plutôt un journal d'impressions qu'une autobiographie minutieuse comme
les *Confessions* de Jean-Jacques. Lord Byron était le plus digressif des poètes.

Voilà sans doute pourquoi sa vie comme son génie a inspiré tant de jugements contradictoires [1]. Ceux qui
veulent l'apprécier, ses amis, ses ennemis, ses traducteurs et ses critiques ont quelque peine à se mettre
d'accord non pas entre eux, mais avec eux-mêmes, et pour notre part nous ne serions pas très-sûr d'en
parler aujourd'hui comme hier, si nous nous en rapportions à notre seule mémoire pour extraire de nos
longues notices et de nos longs essais quelques pages destinées à précéder ces belles gravures auxquelles
notre version sert de texte. Heureusement un pareil volume n'exige qu'une courte note biographique réduite aux événements les plus connus de cette vie aventureuse, et comme nous n'avons que trop contribué
à la surabondance de phrases qui ont été imprimées sur lord Byron, nous résisterons à la tentation de
raconter aux lecteurs les idées nouvelles qu'a pu nous inspirer un récent séjour dans cette Italie qui devint pour lui sa patrie d'adoption quand il eut dit un éternel adieu à l'Angleterre.

[1] « Depuis neuf ans, écrivait lord Byron, je me suis vu comparer, en anglais, en français, en allemand, en italien et en portugais, à Rousseau, à Goëthe, à Young, à l'Arétin, à Timon d'Athènes, à un vase d'albâtre avec une
lumière intérieure, à Satan, à Shakspeare, à Bonaparte, à Tibère, à Eschyle, à Sophocle, à Euripide, à Arlequin,
au Clown des pièces anglaises, à Sternhold, à Hopkens (deux traducteurs de psaumes), à la fantasmagorie,
à Henri VIII, à Mirabeau, à Michel-Ange, à Raphaël, à un dandy, à Diogène, à Childe-Harold, à Lara, au comte
dans *Beppo*, à Milton, à Pope, à Dryden, à Burns, à Savage, à Chatterton, à Churchill, à Kean, à Alfiéri, etc. »

Georges Gordon, lord Byron, naquit le 22 janvier 1788. Les Byron d'Angleterre, d'une souche commune avec les Biron de France, font remonter leur origine à la conquête normande; mais le père du poëte, simple capitaine d'infanterie, n'était qu'un cadet sans fortune propre, et ayant dissipé la dot de sa femme. Celle-ci appartenait à la noble famille des Gordon d'Écosse, alliée aux Stuart, ce dont elle n'était pas peu fière en véritable Écossaise. A la mort du capitaine Byron, sa veuve s'était retirée à Aberdeen, où le jeune Byron fut mis à l'école. Là, il ne se distingua que par l'obstination de son caractère. Il paraît qu'aussi précoce dans ses amours que le Dante amoureux de Béatrice à neuf ans, Byron en avait tout au plus huit, lorsqu'il éprouva une première passion pour une petite fille nommée Maria Duff, dont il partagea l'attention avec sa poupée. Il était boiteux, et cette infirmité le rendait timide ou maussade, ne souffrant jamais qu'on y fit la moindre allusion.

Mistress Byron était réduite à beaucoup de privations, peut-être près de l'indigence, lorsque la mort du vieux lord Byron, l'oncle de son mari, changea tout à coup l'état de leurs affaires. Par le système anglais des substitutions, le pauvre Byron se trouva tout à coup un seigneur titré et propriétaire assez riche. Sa mère et lui quittèrent l'Écosse pour l'Angleterre, et le jeune lord fut placé à l'école aristocratique d'Harrow. Agé de douze ans, il vit sa cousine miss Parker, et sa vue fit naître sa seconde passion qui dura les deux années qu'elle vécut depuis. Cette passion lui inspira ses premiers vers. Mais ses amours d'écolier ne s'arrêtèrent pas là : pendant ses vacances il venait au château de Newstead, dans le comté de Nottingham, et il avait pour voisine miss Chaworth, fille d'un gentilhomme allié des Byron, que le vieux lord Byron avait tué en duel. Elle avait dix-huit ans, il n'en avait que seize lorsqu'il l'aima : hélas! ce sentiment qu'il a rappelé souvent dans ses vers, et entre autres dans la pièce mystérieuse intitulée le Rêve, fut reçu comme un caprice d'enfant, et Maria Chaworth, après l'avoir traité en coquette, ne fit qu'en rire. Le nom de miss Chaworth ne fut jamais prononcé devant lui sans le troubler. Il faisait remonter à cet amour malheureux la chaîne de tous ses malheurs.

D'Harrow lord Byron alla compléter à l'Université de Cambridge son éducation classique. Les études sérieuses l'y occupèrent moins que la lecture des poëtes. Ses bizarreries lui firent aussi une réputation à part. Son compagnon favori était un ours; mais, quoi qu'on en ait pu dire, il avait des amis, de vrais amis parmi les bipèdes de notre espèce. Il a pleuré ceux auxquels il a survécu, et il a été regretté par ceux qui ont poussé plus loin que lui leur carrière.

En quittant le collége de la Trinité, où il avait été immatriculé à Cambridge, il publia un volume de vers sous le titre d'Heures de loisir. Sa préface, où le lord oubliait un peu le poëte, lui valut la malveillance de la libérale Revue d'Édimbourg. Un critique dépeça le volume dans un article plein de fiel, un de ces articles comme les revues anglaises en publient uniquement pour immoler une victime à la raillerie. Lord Byron, qui avait déclaré qu'il se faisait imprimer pour la première et dernière fois, ne pouvait plus tenir parole : il voulut répliquer, et, dans une satire imitée de Juvénal, de Pope et de Gifford, il frappa non-seulement sur la Revue ennemie, mais, injuste à son tour, il attaqua à peu près tout le monde, Walter Scott comme Southey, Thomas Moore comme Jeffrey. Quelques-uns de ces auteurs le lui pardonnèrent, d'autres sont demeurés ses antagonistes pour toujours. Pendant qu'il écrivait cette satire imprudente et aveugle, lord Byron vivait tour à tour à Londres et dans l'abbaye de Newstead où il fonda, avec ses camarades, un ordre de moines libertins dont il présidait le chapelet en buvant le premier dans un crâne monté en coupe qui circulait ensuite parmi les convives. Un chien avait succédé à l'ours dans la faveur du jeune lord : c'était un chien de Terre-Neuve, qui a eu les honneurs d'une épitaphe en vers.

La satiété du monde aristocratique, le besoin d'arrêter quelques dépenses et de rompre quelques liaisons dangereuses, l'accueil un peu froid de la chambre des lords à son début politique, l'inconstance de la jeunesse, une activité difficile à satisfaire et le goût des voyages que tout Anglais éprouve au moins une fois en sa vie, et qui devient un besoin continuel pour plusieurs, fit partir lord Byron pour l'Espagne, le Portugal et la Grèce; il visita ces contrées en poëte, et à son retour il publia les deux premiers chants de Childe Harold, puis successivement le Giaour, la Fiancée d'Abydos, le Corsaire, Lara, etc.

Le succès de ces poëmes fit de l'auteur l'homme à la mode : ce ne fut pas seulement un succès littéraire, mais une inépuisable source d'émotions qui agitèrent la société blasée de l'Angleterre. Alors commencèrent tous ces contes, tous ces romans qui attribuaient à lord Byron toutes sortes d'aventures. Alors éclatèrent ces passions qui troublèrent la tête de plusieurs jeunes miss et désolèrent les maris de maintes honorables ladies. Puis tout à coup, arriva événement qui mit en révolution les cercles fashionables de Londres, la nouvelle fut : « Lord Byron se marie. »

Ce mariage, décidé dans une gageure et qui n'avait rien de romanesque d'ailleurs, eut sa lune de miel comme si c'eût été un mariage d'amour. Lady Byron était une dame fort aimable et fort spirituelle : son mari, quoique peu satisfait de sa famille, commençait à l'aimer et à se faire aux idées prosaïques de la vie de ménage : il s'occupait de payer ses dettes de jeune homme. La curiosité du monde lui disait adieu comme à un astre éclipsé dans sa sphère ; mais cette curiosité le harcela plus éveillé, plus indiscret que jamais quand , au bout de neuf mois , à la nouvelle du mariage de Byron succéda celle de son divorce.

Ici autre série de suppositions et de fables, car jamais on n'a su le vrai mot de cette énigme. Dans les écrits de Byron il n'y a à ce sujet que des contradictions : tantôt il raille sa femme, tantôt il exprime les plus douloureux regrets et la plus respectueuse tendresse ; ici c'est une épigramme, là une élégie (1). Quoi qu'il en soit, cet événement, qui révolta toute l'Angleterre contre lui, le força de s'exiler pour aller errer d'abord en Belgique, en Suisse, et puis se fixer en Italie. Ses divers ouvrages publiés depuis ses adieux à l'Angleterre, le troisième chant de *Childe Harold*, le *Prisonnier de Chillon*, *Manfred*, sont datés de Genève ; *Beppo*, le quatrième chant de *Childe Harold*, les premiers chants de *Don Juan*, *Marino Faliero*, de Venise; les *Prophéties du Dante*, la suite de *Don Juan*, de Ravenne et de Pise, etc. Dans ces poèmes et ces drames, comme dans ses lettres, l'Angleterre n'était pas oubliée, mais mentionnée plus souvent avec humeur qu'avec amour; il affecte même de renoncer à cette nationalité qui est le trait généralement caractéristique de tous ceux que les lettres ont illustré dans la patrie de Shakspeare. Son style , si varié, si remarquable par un mélange d'énergie et de grâce, de facilité et de précision, ne se rattache à aucun modèle classique de sa terre natale. Ce style, toujours correct d'ailleurs, a quelquefois une couleur prononcée d'orientalisme à force d'exagération, quelquefois le cachet du style spirituel de Voltaire. En un mot, homme ou poète , *personne n'est moins de son pays que* lord Byron.

Quant aux mœurs de l'homme , elles cessèrent aussi, en Italie, d'être anglaises. Le dandy se fit carbonaro ; le misanthrope fit l'amour à l'italienne, tantôt courtisant les filles du peuple à Venise, tantôt Sigisbée ou époux sans mariage d'une comtesse bolonaise qui, pour lui, se séparait définitivement de son vieux mari comme Byron s'était séparé de sa femme.

Au milieu de cette vie étrange, lord Byron avait deux pensées dominantes, le regret de vivre loin de sa fille , le rêve d'une gloire plus éclatante que celle de poète. Si l'Italie se fût levée comme il l'y invitait dans sa *Prophétie du Dante*, Byron se fût fait tout à fait Italien pour vaincre ou mourir avec ses nouveaux compatriotes; il était de toutes les conspirations politiques; mais toutes ces conspirations avortèrent, à son grand désespoir. La Grèce insurgée répondit mieux à son ambition; et il n'hésita pas à sacrifier à la liberté grecque sa fortune et sa vie ; il partit avec le pressentiment de périr dans cette cause, et s'il périt bientôt, il eut encore le temps de montrer qu'il y avait de l'héroïsme autant que de la poésie dans le descendant des chevaliers normands , compagnons de Guillaume. De tous les chefs auxiliaires, personne ne déploya, en Grèce, plus de jugement et plus de hardiesse au milieu de circonstances difficiles. Son tombeau est le premier monument de la régénération des Hellènes. Mort pour la liberté, mort sous la bannière de la croix, lord Byron, nous aimons à le dire avec Walter Scott , a expié noblement dans cette croisade libérale toutes les erreurs de sa jeunesse orageuse.

La Grèce réclama les dépouilles mortelles de son nouveau Tyrtée ; mais sa famille fut jalouse de la recueillir , et , conformément au désir exprimé dans un de ses premiers poèmes, c'est avec celles de sa mère qu'elles furent déposées, à Hucknell, dans le comté de Nottingham, où est le caveau funéraire des Byron. Un monument sans doute lui sera érigé un jour à Westminster Abbey parmi ceux des grands noms de la littérature anglaise ; mais a-t-on eu tort de respecter le vœu de sa muse; en l'ensevelissant auprès de celle qui lui avait donné le jour ? S'il y a quelque chose de vrai dans le langage des inscriptions tumulaires (et qui n'aime à se flatter d'une religieuse espérance en pensant à ce rendez-vous du tombeau où nous rejoindrons tôt ou tard ceux qui nous furent chers dans la vie ?), si le repos est plus doux quelque part , plus doux que dans le plus glorieux mausolée, n'est-ce pas là où le fils est enseveli auprès de la mère qui veilla sur le berceau de son premier sommeil ?

¹ Il paraît que lord Byron se flatta quelque temps de ramener sa femme ; mais l'obstination de celle-ci révolta son orgueil, et il perdit patience.

AMÉDÉE PICHOT.

LES BEAUTÉS

DE

LORD BYRON.

ADIEU[1].

« Hélas ! ils s'aimaient dans leur jeunesse ; ma's des langues perfides savent empoisonner la vérité, et la constance n'habite que les cieux ! Les sentiers de la vie sont hérissés d'épines, la jeunesse n'est que vanité, la colère contre ce qu'on aime devient une véritable démence.

» Ils se quittèrent pour jamais ! Ni l'un ni l'autre ne trouva au autre lui-même pour se consoler du vide pénible de leur cœur ; ils se tinrent éloignés, gardant les cicatrices de cette séparation violente, comme deux rochers creusés par les travaux des hommes : une mer odieuse coule entre leurs fragments divisés ; mais ni les étés, ni les hivers, ni la foudre, ne pourront effacer entièrement, je pense, les marques de ce qu'ils furent autrefois. »

CHRISTABELLE, *Poëme de Coleridge.*

Adieu ; et si c'est pour toujours, eh bien, pour toujours encore adieu ! Tu te montres en vain inexorable, jamais mon cœur ne se révoltera contre toi. Que ne peut-il s'ouvrir à tes yeux, ce cœur où tu as si souvent reposé ta tête, alors que descendait sur toi ce paisible sommeil que tu ne connaîtras plus ; que ne peut-il s'ouvrir à tes yeux et te dévoiler ses plus secrètes pensées ! Peut-être avouerais-tu enfin que ce n'était pas bien de le repousser ainsi.

En vain le monde t'approuve et applaudit en souriant au coup fatal qui me déchire ; les louanges du monde doivent offenser, quand elles sont fondées sur le malheur d'un époux.

[1] Ce poëme rappelle les malheurs domestiques du poëte. C'est celui qui faisait dire à madame de Staël : « Je voudrais être lady Byron, pour inspirer de tels vers. » Le *Fare thee well* est adressé à lady Byron elle-même ; *that atal she*, comme le poëte appelle l'épouse du Dante dans *la Prophétie.*

J'ai eu bien des torts à me reprocher ; mais ne pouvait-on pas choisir , pour me faire une si cruelle blessure , d'autres bras que ceux qui m'enlaçaient jadis ?

Cependant ne t'abuse pas toi-même : l'amour peut s'évanouir peu à peu ; mais ne crois pas que les cœurs puissent être ainsi désunis par une violence soudaine. Le tien conserve encore son amour ; le mien , quoique saignant , palpite encore : et l'éternelle pensée qui le désole est que nous pouvons ne plus nous revoir.

Ces mots sont plus tristes que les lamentations sur un cercueil ; nous vivrons éloignés , et chaque jour nous réveillera sur une couche veuve et solitaire. Quand tu voudras te consoler avec ta fille , quand ses premiers accents frapperont ton oreille , lui apprendras-tu à dire : « Mon père ! » quoiqu'elle ne doive jamais recevoir ses caresses ?

Quand ses petites mains te presseront , quand ses lèvres iront chercher les tiennes , pense à celui qui fera toujours des vœux pour ton bonheur ; pense à celui que ton amour eût rendu si heureux. Et si les traits de notre enfant ressemblent à ceux de l'époux que tu ne dois plus revoir, ton cœur fidèle encore palpitera pour moi.

Toutes mes erreurs te sont connues peut-être , personne ne sait jusqu'où va mon délire ! Toutes mes espérances se flétrissent partout où tu es ; et cependant elles ne suivent que toi. Tous les sentiments de mon cœur ont été ébranlés ; mon orgueil, que personne ne pouvait faire fléchir , s'humilie devant toi ; abandonné par toi , je sens que mon âme elle-même m'abandonne.

C'en est fait, toutes les prières sont inutiles, et les miennes sont encore les moins écoutées ; mais il est des pensées que nous ne pouvons maîtriser, et qui nous échappent malgré nous-mêmes. Encore une fois adieu ! Séparé de tout ce qui m'est cher , mon cœur se consume; je suis solitaire , désolé , et , ce qui augmente mon désespoir, je ne puis encore mourir !

VERS DE LADY BYRON[1].

I.

A ADA.

Tel est ton sourire, telle est ta fraîcheur, que l'espérance pourrait y admirer, par anticipation, les charmes d'un âge plus mûr ; mais la pensée de ta mère se colore des sombres teintes de ses souvenirs ; tu n'es point dans les bras d'un père !

C'est là que je t'aurais aimée encore davantage ; là j'aurais reconnu que tu m'étais si chère, qu'aurais-je tout perdu sur la terre, j'aurais encore senti que ma vie était tout entière en toi.

[1] Les deux pièces suivantes ont été publiées par les gazettes anglaises depuis la mort de lord Byron , et n'ont point été démenties : elles répondent indirectement à l'élégie qui précède. Nous croyons donc pouvoir les ajouter au *Fare thee well*, comme *pièces à l'appui*, dans l'histoire des malheurs domestiques du noble auteur. Ada est le nom de la fille de lord Byron , à laquelle s'adressent le début et la conclusion du troisième chant de *Childe-Harold*.

Qu'es-tu maintenant? — un monument de douleur, pour attester un amour qui n'est plus; une fille tendre et affligée, envoyée ici-bas pour rêver à des liens brisés qui ne se rejoindront que dans les cieux.

O toi, colombe, qui ne trouvera peut-être d'asile que dans cette barque fragile, et déjà battue par l'orage, le sein que t'offre une mère solitaire, ah! puisse le ciel te procurer une arche plus sûre, pour te porter sur les vagues de la douleur qui ne cesse de couvrir comme un déluge ce monde terrestre; — jusqu'à ce que, grâce à celui qui seul peut sauver, tu connaisses un plus saint Ararat!

Ne me crois pas un cœur froid, si aucun vœu terrestre ne s'y élève pour toi : de tels vœux m'ont coûté trop cher; ils ont été trop inutiles à ta mère; tu n'es pas sur le cœur d'un père!

11.

VERS ADRESSÉS A UNE AMIE PAR LADY BYRON.

Ah! pardonne à celle qui voudrait à son tour se reposer sur l'amitié qu'elle avait redoutée; mais alors elle avait trouvé le plus impitoyable de ses ennemis dans celui qui devait être l'ami le plus tendre : elle avait reçu ses plus cruelles blessures de la main de l'être qu'elle eût voulu sauver aux dépens de sa vie.

Ce fatal ennemi était là encore, la racine de l'arbre de vie se consumait : vainement les rayons du soleil, vainement les rosées du ciel, touchaient ses rameaux : alors ton affection n'éprouvait aucun retour; en vain tu pleurais : ma peine secrète était ma seule réponse.

Si l'onde du vallon est empoisonnée, la douce fleur qui croît sur ses bords tombe, aucun parfum ne s'exhale de ses feuilles flétries. Ainsi s'évapore la vertu de la sympathie, mais elle meurt quand une amertume secrète a altéré la source du sentiment.

Mais tout ce que j'ai rejeté ne s'est pas effacé de ma mémoire, ni ton calme affecté, ni ta peine contrainte, alors même que ton affection semblait s'affaiblir, pour me recommander le calme à moi-même, sans mêler de reproche à tes consolations.

Tout cela n'est pas oublié, tout cela se représente sous de plus vives couleurs à mes tristes regrets pour en adoucir les cruels souvenirs. Ce n'est plus comme lorsque tout était impuissant contre un désespoir luttant en vain contre des maux qui me défendaient jusqu'au rêve du soulagement.

Ah! ne pense pas que le pardon soit devenu la seule étincelle de vie qui reste au fond d'un cœur où les cendres de l'amour sont gardées comme un trésor! ne crois pas que toutes les visions du passé soient sombres à mes yeux : il en est que je pourrai chérir encore dans les célestes régions.

Toi qui restas mon amie dans cette heure de froideur et d'ingratitude, si j'éprouve aujourd'hui pour toi ce que j'aurais dû éprouver alors, ah! ne repousse pas à ton tour les pensées que je te révèle; ne me refuse pas ce sourire qui leur apprit à s'épancher dans le sein d'une amie.

VERS

ADRESSÉS PAR LORD BYRON A SA FEMME, LE SIXIÈME ANNIVERSAIRE DE LEUR MARIAGE.

Voilà six ans que, grâce à l'hyménée,
Nous n'étions qu'un; mais ce temps trop heureux,
O caprice du sort! n'a duré qu'une année.
Depuis cinq ans nous sommes deux.

A AUGUSTA[1].

Quand tout devint sombre et menaçant autour de moi, que ma raison fut sur le point de me priver de son flambeau, et que l'espérance ne répandit plus qu'une lueur mourante qui ne pouvait qu'égarer mes pas errants;

Dans cette nuit profonde de l'âme, dans cette lutte secrète du cœur, alors que, redoutant de paraître trop tendres, les faibles se livrent au désespoir... et les hommes froids prennent la fuite;

Quand la fortune eut changé, quand l'affection s'éloigna, et que je me vis en butte à tous les traits de la haine, tu fus l'astre solitaire qui ne s'éclipsa pas pour moi.

Bénits soient tes fidèles rayons! ils m'accompagnèrent comme les regards d'un ange, et leur douce lumière demeura entre moi et la nuit.

Quand s'éleva le noir nuage qui voulut obscurcir cette clarté propice, sa flamme n'en parut que plus pure, et dissipa les ténèbres qui nous entouraient.

Que ton âme reste unie à la mienne, et lui apprenne ce qu'elle sait braver ou souffrir en silence; il y a plus de force dans une seule de tes douces paroles que dans le dédain insultant du monde.

Tu fus pour moi comme un arbre gracieux qui se penche sans se rompre, et balance avec amour ses verts rameaux sur un monument.

Les vents mugissaient... les cieux versaient leurs pluies, mais tu étais auprès de moi au moment de l'orage pour me protéger de tes feuilles humides.

Mais toi et les tiens vous serez à l'abri des traits du malheur, quel que soit le destin qui me menace; le ciel un jour récompensera les bons... et toi avant tous les autres.

Que les nœuds d'un vain amour soient rompus... les tiens ne le seront jamais; ton cœur sait aimer, — mais il ne sait pas changer; ton âme est douce, mais rien ne peut l'ébranler.

Quand tout le reste fut perdu, je retrouvai tout en toi. J'y retrouve tout encore : consolé par un cœur si éprouvé, la terre n'est plus un désert — même pour moi.

[1] La sœur de l'auteur, l'honorable mistress Leigh.

A MA FILLE.

DERNIÈRES STANCES DU QUATRIÈME CHANT DE CHILDE-HAROLD.

Mes vers sont une ruse innocente, un coloris ajouté aux objets qui ont passé devant mes yeux et que j'aurais voulu saisir et fixer pour charmer un moment mes ennuis et ceux des autres. La jeunesse a soif de gloire, mais je ne suis point assez jeune pour regarder le sourire ou le dédain du monde comme une perte ou une récompense dignes d'envie. J'ai toujours été seul, je le suis encore... qu'on se souvienne de moi ou qu'on m'oublie.

Je n'ai jamais aimé le monde, et n'en ai jamais été aimé : je n'ai point captivé ses suffrages ; on ne m'a pas vu fléchir un genou patient devant ses idoles, forcer mon front à sourire, ou me réunir à l'écho des flatteurs. Au milieu de la foule j'ai vécu en étranger ; j'étais parmi les hommes, et je paraissais une créature d'une autre espèce, enveloppé du sombre voile de mes pensées, bien différentes de celles de mes semblables ; je serais encore le même, si je n'avais modéré et dompté mon âme.

Non, je n'ai jamais aimé le monde, et le monde ne m'a jamais aimé ; séparons-nous du moins en ennemis généreux. Je veux bien croire, malgré mon expérience, qu'on dit quelques vérités, qu'on donne des espérances qui ne sont pas trompeuses, qu'il est des vertus indulgentes qui ne tendent point de piéges à la fragilité. Je voudrais bien croire aussi qu'il est des malheurs qui arrachent des larmes sincères à l'amitié [1] ; que deux ou trois mortels sont presque ce qu'ils semblent ; que la bonté n'est pas simplement un mot, ni le bonheur un rêve.

O ma fille ! ce chant commença avec ton nom ; c'est encore avec ton nom, chère Ada, que je le terminerai. Je ne te vois pas, je ne t'entends pas, mais personne ne s'identifie à toi comme moi. Tu es l'amie vers laquelle se projettent les ombres de mes années à venir ; quand bien même tu ne reverrais plus mon visage, ma voix retentira dans tes rêves, et parviendra jusqu'à ton cœur, lorsque le mien sera glacé par la mort. Tu entendras encore des accents paternels sortir des cendres inanimées de ton père.

Aider au développement de ton âme, épier l'aurore de tes premières joies d'enfant, m'asseoir près de toi pour te voir presque grandir sous mes yeux, et saisir la connaissance de chaque objet qui pour toi est encore une merveille, te bercer doucement sur mes genoux, et imprimer sur tes lèvres le baiser d'un père... Sans doute que ces tendres soins n'étaient point faits pour moi... cependant il était dans ma nature d'en jouir ; tel que je suis aujourd'hui, je ne sais ce qui est en moi, mais je crois y reconnaître quelque chose qui me le fait penser.

Ah ! quand la haine même te serait enseignée comme un devoir, je sais que tu m'ai-

[1] La Rochefoucauld a dit : « Dans les malheurs de nos meilleurs amis, il y a toujours quelque chose qui ne nous déplaît pas. »

meras; en vain te serait-il défendu de prononcer mon nom comme s'il était un de ces mots magiques de sinistre présage, et comme un titre qu'on ne respecte plus; en vain la tombe se serait fermée entre nous; n'importe, je sais que tu m'aimeras; quand même on voudrait exprimer mon sang de tes veines, ce serait en vain; tu tiendrais à ce sang plus qu'à la vie, et tu ne pourrais cesser de m'aimer.

Enfant de l'amour, quoique née dans des jours d'amertume et élevée dans les angoisses de la douleur; tels furent les éléments du cœur de ton père, et tels sont aussi les tiens; mais le feu qui entretient ta vie sera plus tempéré, et une espérance plus noble te sera permise. Paix au berceau où ton enfance repose! des plaines de la mer et de la cime des monts qui sont tour à tour mon asile, je voudrais t'envoyer autant de félicité que j'aurais pu t'en devoir à toi-même, me dis-je quelquefois avec un soupir.

LORD BYRON AU COLYSÉE.

Quelles sont ces arcades élevées sur d'autres arcades? on dirait que Rome, réunissant les divers trophées de ses guerriers, a voulu former un seul monument de tous ses arcs de triomphe... c'est le Colysée. Les rayons argentés de la lune y brillent comme ses lumières naturelles; il semble qu'une clarté divine peut seule éclairer cette mine inépuisable de méditations; les ombres azurées d'une nuit d'Italie, qui planent sur cet édifice vaste et sublime, semblent un voile jeté sur ses grandeurs.

Ici la voûte des cieux semble douée de la parole : elle proclame l'éternité. Les choses de ce monde, sur lesquelles le Temps a laissé l'empreinte de ses pas, sont animées d'une espèce de sentiment; mais les édifices à demi démolis par ses coups, et sur lesquels s'est brisée sa faux destructive, sont surtout revêtus d'un charme magique, et bien supérieur à la pompe de ces somptueux palais qui attendent encore le vernis des âges.

O Temps! toi qui embellis tout ce qui n'est plus, toi qui ornes les ruines; seule consolation des cœurs affligés! toi qui corriges les erreurs de nos jugements, qui mets à l'épreuve l'amour et la vérité; seul philosophe, car tous les autres ne sont que des sophistes; ô Temps, vengeur de l'injustice, que les retards n'absolvent jamais! je lève vers toi mes mains, mes yeux et mon cœur : je te supplie de m'accorder une grâce.

Au milieu de ces décombres où tu t'es fait un autel et un temple, que sa vaste solitude rend encore plus sacré, parmi des offrandes plus dignes de toi, j'ose mêler les miennes, les fruits amers de quelques années, peu nombreuses, il est vrai, mais fécondes en malheurs... Si tu m'as jamais vu enflé de trop d'orgueil, refuse de m'entendre; mais si je fus modeste aux jours de la prospérité, si j'ai réservé toute ma fierté contre la haine qui m'a poursuivi sans m'accabler, fais que je n'aie pas porté en vain ce trait cruel dans mon cœur. . Mes ennemis ne connaîtront-ils pas aussi les larmes?

Et toi, dont la main n'abandonne jamais la balance des injustices des hommes, grande Némésis, toi qui appelas les Furies du fond de l'abîme et leur commandas de poursuivre Oreste avec leurs serpents, pour lui reprocher une vengeance qui eût été juste si toute autre main l'eût accompli! c'est dans ces lieux où les anciens te rendirent longtemps hommage; c'est dans ces lieux qui te furent consacrés, que je t'invoque aujourd'hui. N'entends-tu pas la voix de mon cœur? réveille-toi... il faut que tu m'écoutes.

Ce n'est pas que je n'aie peut-être mérité, par mes torts ou ceux de mes pères, la blessure dont mon cœur est atteint; et, si elle m'eût été portée avec une arme juste, je n'eusse point cherché à étancher mon sang; mais je ne veux point que la terre l'absorbe... C'est à toi que je le consacre... c'est toi qui te chargeras de la vengeance... il est encore temps de la trouver; et, si je ne l'ai point cherchée moi-même, par respect pour... n'importe... je dors, mais tu veilleras pour moi.

Si ma voix se fait entendre, ce n'est point que je tremble au souvenir de ce que j'ai souffert: qu'il parle, celui qui a vu mon front pâlir, ou mon cœur se décourager dans ses transes mortelles; mais je veux que cette page soit un monument pour ma mémoire; mes paroles ne s'évanouiront pas dans les airs, même lorsque je ne serai plus que poussière; le jour viendra où s'accompliront les prédictions menaçantes de ces vers, et tout le poids de ma malédiction tombera sur la tête de mes persécuteurs.

Je leur pardonne, voilà ma malédiction. J'en atteste le ciel et la terre, n'ai-je pas eu à lutter contre ma destinée? n'ai-je pas souffert des outrages qui ne méritent que le pardon? n'ai-je pas eu mon âme et mon cœur déchirés, mes espérances détruites, mon nom calomnié! n'ai-je pas été trahi dans tout ce que j'avais de plus cher? Ah! si je ne suis point victime du désespoir, c'est que je ne fus pas tout à fait formé des éléments impurs qui ont donné l'être à ceux qui se sont armés contre moi.

Depuis les persécutions les plus déclarées jusqu'aux petites perfidies, n'ai-je pas vu tout ce que pouvait la haine des hommes? Ici la calomnie, écumant de rage, m'accusait à haute voix; là de lâches envieux prononçaient mon nom à voix basse et distillaient leur venin plus subtil; gens à deux visages, dont l'œil significatif interprète le silence, et qui, par un geste, ou par un hypocrite soupir, communiquent au cercle des oisifs leur médisance muette.

Mais j'ai vécu, et je n'ai pas vécu en vain: mon esprit peut perdre sa force, mon cœur le feu qui l'anime; je puis périr en luttant contre mes malheurs; mais il est en moi quelque chose qui défie la douleur et le temps, et qui me survivra quand je ne serai plus: semblable au souvenir qu'ont laissé les derniers sons d'une lyre, un sentiment dont ils ne se doutent pas, et qui n'a rien de terrestre, pèsera sur leurs cœurs radoucis. Ces cœurs, qui sont de pierre aujourd'hui, sentiront alors le remords tardif de l'amour.

J'ai apposé le sceau sur mes plaintes... Maintenant salut, pouvoir redoutable, dont nous ignorons le nom, mais qui te révèles à nous par un charme irrésistible, lorsque, parcourant ces lieux, à l'heure sombre de minuit, tu nous inspires un profond recueillement qui ne ressemble en rien à la peur! Salut! ta demeure est toujours aux lieux où

4

les murailles des monuments détruits apparaissent avec leur manteau de lierre : ce spectacle solennel te doit un sentiment si profond et si vrai, que nous faisons nous-mêmes partie du passé, et en devenons les invisibles témoins.

Ces lieux ont jadis retenti de la rumeur confuse des nations empressées, qui exprimaient leur pitié par un murmure sourd, ou applaudissaient par de bruyantes acclamations lorsque l'homme était égorgé par l'homme son semblable. Et pourquoi égorgé? parce que c'était la loi généreuse du cirque et le plaisir impérial. Mais qu'importe, quand nous succombons pour servir de pâture aux vers, qu'importe de tomber sur un champ de bataille ou sur l'arène d'un cirque? l'un et l'autre ne sont que des théâtres où vont pourrir les principaux acteurs.

Je vois le gladiateur étendu devant moi ; sa tête est appuyée sur sa main ; son mâle regard exprime qu'il consent à mourir, mais qu'il dompte sa douleur : sa tête penchée s'affaisse par degrés ; les dernières gouttes de son sang s'échappent lentement de son sein entr'ouvert, et tombent une à une comme les premières gouttes d'une pluie d'orage. Déjà l'arène tourne autour de lui... il expire avant qu'aient cessé les barbares acclamations qui saluent le vainqueur.

Il les a entendues, mais il s'en est peu ému... ses yeux étaient avec son cœur bien loin du cirque. La victoire et la vie qu'il perdait n'étaient rien pour lui ; mais il croyait voir sa hutte sauvage sur les bords du Danube, et ses petits enfants jouant autour de leur mère... pendant que lui, égorgé pour les fêtes de Rome... Pensée affreuse qui se mêle à son agonie!... Mourra-t-il sans vengeance?... Levez-vous, peuples du Nord! venez assouvir votre juste fureur!

Mais ici où le meurtre respirait la vapeur du sang ; ici où les nations obstruaient toutes les avenues et mugissaient ou murmuraient comme les flots d'un torrent des montagnes quand ils rencontrent des détours et des obstacles ; ici où la vie et la mort n'étaient qu'un jeu pour le peuple romain, et dépendaient du caprice de la populace, ma voix seule retentit en ce moment ; les rayons pâlissants de la lune éclairent l'arène déserte, les gradins écroulés, les murs à demi ruinés, et les galeries souterraines où mes pas réveillent la voix des échos.

Monument en ruine!... mais quelle ruine! de sa masse ont été construits des murs, des palais, des villes presque entières ; et cependant vous promenez longtemps vos pas sur cet énorme cadavre, sans que rien indique encore à vos yeux surpris où pouvait être tout ce qu'on lui a ravi. N'aurait-on fait que déblayer son enceinte? Mais, lorsque vous avez entièrement examiné ce monument colossal, la brèche se développe enfin tout entière devant vous. La lumière du jour la trahit ; les rayons du soleil sont trop brillants pour tous les objets sur lesquels le temps et l'homme ont exercé leurs ravages.

Mais lorsque la lune commence à monter dans l'horizon, et s'arrête sur la dernière des arcades ; lorsque les étoiles étincellent à travers les fentes des pierres, et que la brise légère de la nuit balance dans les airs la forêt qui couronne ces murs grisâtres, semblable au laurier sur le front chauve du premier César ; lorsqu'une douce lumière est répandue autour

de nous sans nous éblouir, alors les ombres des morts se lèvent dans cette enceinte magique : des héros ont foulé ces pierres : c'est leur poussière que foulent nos pas.

« Tant que sera debout le Colysée, Rome sera debout ; quand le Colysée tombera, Rome tombera avec lui ; et quand tombera Rome, le monde tombera avec Rome. » Ainsi s'exprimaient les pèlerins de ma patrie en parlant de cette vaste muraille du temps des Saxons, que nous sommes accoutumés d'appeler ancien ; chacune de ces trois choses périssables est encore sur ses fondements : Rome, et la ruine du Colysée que rien ne pourra rétablir ; le monde enfin, qui est toujours une vaste caverne de voleurs, ou ce que vous voudrez.

SOUVENIR DU COLYSÉE[1].

Les étoiles se rangent en ordre dans le firmament ; la lune se montre sur le sommet des montagnes couronnées de neige : admirable tableau ! je sens que j'aime encore la nature, car l'aspect de la nuit m'est plus familier que celui des hommes, et c'est dans ses ténèbres silencieuses et solitaires, sous la voûte étoilée des cieux, que j'appris le langage d'un autre univers.

Je me rappelle que, lorsque je voyageais au temps de ma jeunesse, ce fut pendant une nuit semblable que je me trouvai dans l'enceinte du Colysée, au milieu des plus imposants débris de la grande ville de Rome. Les arbres qui croissent le long des arceaux brisés dessinaient leurs sombres formes sur le ciel bleu, et les étoiles brillaient à travers les fentes des ruines. Dans le lointain les aboiements des chiens retentissaient au delà du Tibre ; plus près de moi, le cri lugubre des hiboux s'échappait du palais des Césars, et par moments la brise m'apportait les sons mourants du chant saccadé des sentinelles. Du côté de la large brèche que le temps a faite, des cyprès semblaient borner l'horizon, et ils n'étaient qu'à la portée d'un trait. Là où fut la demeure des Césars, et où habitent aujourd'hui les oiseaux de nuit à la voix discordante au milieu du bois qui pousse entre les pierres disjointes et entrelace ses racines sous le foyer impérial, le lierre usurpe le terrain destiné à nourrir le laurier ; mais le cirque sanglant des gladiateurs est encore debout, ruine noble et parfaite, tandis que les palais de marbre de César et d'Auguste ne laissent sur la terre que des décombres confus. Tu éclairais tout cela, ô lune ! tu laissais tomber une lumière pâle et mélancolique qui adoucissait l'antique austérité de ces débris, et comblait en quelque sorte le vide des siècles, laissant toute sa beauté à ce qui est resté beau, et la rendant à ce qui l'a perdu. C'était comme une religion qui remplissait ces lieux où le cœur adorait en silence les grands hommes d'autrefois, tous ces morts qui règnent encore et gouvernent nos âmes au fond de leurs tombeaux...

C'était une nuit semblable à celle-ci. Chose étrange, que je me la rappelle en ce moment ! mais j'ai éprouvé plusieurs fois que nos pensées s'égarent loin de nous au moment où nous voudrions les recueillir dans une méditation solitaire.

[1] *Manfred*, acte III, scène IV.

LA COMTESSE GUICCIOLI.

« La comtesse Guiccioli avait été, à l'âge de dix-sept ans, arrachée de son couvent pour devenir l'épouse d'un vieillard qui appartenait, il est vrai, à l'une des plus nobles familles de l'Italie, mais qui n'avait pas d'autres titres pour se faire aimer de sa femme.

» Byron produisit sur elle une profonde et rapide impression. Sa voix, ses manières, sa grâce parfaite, son noble et beau visage, lui inspirèrent une passion dont elle n'avait auparavant jamais eu l'idée. Mais elle exerça la même influence sur l'âme de Byron. L'un et l'autre ne tardèrent pas à se faire de mutuels aveux, et, peu de temps après, leur liaison en était venue au point où d'autres finissent. Au mois d'avril 1819 la comtesse Guiccioli fut obligée de quitter Venise pour se rendre avec son mari à Ravenne, et Byron l'y suivit.

» Au mois d'août, la comtesse Guiccioli se rendit à Bologne, et Byron s'y rendit avec elle. Son mari la quitta un mois après; mais, comme elle se trouvait dans un état de santé qui nécessitait un changement de température, il lui permit de retourner avec Byron à Venise, et tous deux s'en allèrent demeurer dans une villa que Byron avait louée.

» Le vieux comte, qui seul avait le droit de s'opposer à de pareils arrangements, parut d'abord les accepter, et comme son revenu ne lui suffisait pas, il pria Byron de lui prêter à un intérêt légal 1,000 livres sterling. Ce fut seulement quand le poète eut refusé d'accéder à cette demande, qu'il parla de son honneur blessé et devint irritable. Cependant toutes les contestations se terminèrent alors par le retour de la comtesse à Ravenne. Mais la solitude où elle se trouva dans cette romanesque cité, et le souvenir des beaux jours qu'elle y avait passés quelques mois auparavant, ne pouvaient guère lui faire oublier son illustre amant. Elle fut saisie d'une telle souffrance que sa santé s'altéra, et, à la demande de ses parents et avec l'autorisation de son mari, lord Byron, qui avait pris envers le comte l'engagement de ne plus la revoir, et qui était décidé à partir pour l'Angleterre, changea de résolution et partit pour Ravenne. Il lui écrivit alors : « Jamais je n'aurais eu la force d'abandonner le pays que vous habitez sans vous revoir encore. C'est à vous de décider si je dois vous quitter de nouveau. Quant au reste, nous en parlerons quand nous serons ensemble. Vous jugerez vous-même ce que je dois faire pour votre bien-être, s'il faut que je m'éloigne ou que je reste. Car pour moi, que m'importe? Je suis un citoyen du monde, et toutes les contrées me sont aussi indifférentes l'une que l'autre. Dès le moment où je vous ai connue, vous avez été l'unique objet de mes pensées. Je croyais que le meilleur parti à prendre pour votre repos, pour celui de votre famille, c'était de m'en aller… loin de vous… très-loin. Car de rester près de vous, et de ne pas vous voir, c'est chose impossible. Mais vous avez décidé que je dois revenir à Ravenne. Je reviens, je ferai et je serai tout ce que vous voudrez. Je ne puis rien dire de plus. »

» Il y a là un accent de tendresse et de mélancolie qui pénètre le cœur, et toute cette lettre nous révèle que le pauvre poète s'efforçait en vain de lutter contre sa destinée. Toutes les relations qu'il eut depuis avec la comtesse portent l'empreinte de cette même résignation de caractère, de ce muet découragement de l'homme qui finit par s'abandonner à la fatalité de sa vie. »

Imp.ᵗᵉ de Frᵉᵉ Jᵃᶜᵉˢ

« Dans l'été de 1820, la comtesse Guiccioli fut séparée de son mari. Cette séparation fut provoquée par la jalousie du comte. Déjà sa femme l'avait obtenue quelques années aupa-ravant, à Rome, mais il lui promit de changer de conduite, et elle consentit à retourner auprès de lui. Alors il recommença à se plaindre et voulut défendre à la comtesse de rece-voir Byron chez elle, quoiqu'il habitât le même palais. Toute la société de Ravenne se révolta contre lui. Les gens les plus indulgents disaient qu'après avoir toléré ces relations pendant si longtemps, il lui convenait mal de vouloir les briser, et les amis de la com-tesse, la voyant si indignement traitée, insistèrent pour que la séparation eût lieu. Leurs plaintes furent écoutées. La comtesse retourna chez son père et le comte fut condamné à lui payer une pension. La demeure de sa famille était à quinze milles environ de Ravenne. Lord Byron allait la voir une ou deux fois par mois, et vivait le reste du temps dans une parfaite solitude. »

STANCES POUR LA COMTESSE GUICCIOLI,

COMPOSÉES SUR LES RIVES DU PÔ.

Fleuve, qui roules tes flots sous les murs antiques où habite la dame de mon amour, quand elle se promènera sur ta rive, en réveillant peut-être un faible et passager souvenir de moi,

Ah! si ton onde large et profonde pouvait être un miroir de mon cœur où elle lirait les mille pensées que je te confie aujourd'hui, pensées vagabondes comme ton cours et non moins rapides!

Que dis-je?... un miroir de mon cœur! ton onde n'est-elle pas impétueuse et sombre? n'es-tu donc pas ce qu'est mon cœur, ce qu'il fut? cœur si longtemps entraîné par les passions!

Le temps les a bien un peu calmées... oh! non pas pour toujours! De même que tes flots bouillonnent, débordent et puis s'apaisent pour sortir encore de leur lit,

Mes passions, ô fleuve en qui je crois reconnaître mon emblème, ont aussi repris un cours plus tranquille, mais en laissant après elles maintes longues traces de la tempête... et maintenant nous voilà tous les deux revenus à notre marche accoutumée, toi en te précipitant vers la mer, moi en aimant celle que je ne devrais pas aimer.

Le courant que je suis des yeux ira passer sous les remparts de sa ville natale et mur-murer à ses pieds; elle te contemplera aussi quand elle ira respirer l'air du soir après la chaleur d'un jour d'été.

Elle te contemplera... Je t'ai regardé avec cette pensée, et depuis ce moment je ne saurais rêver de tes flots, les nommer, les voir, sans soupirer pour elle.

Ses beaux yeux se réfléchiront dans ton onde... Oui, ils rencontreront le flot qui arrête ma vue; ah! si je pouvais seulement rêver que cet heureux flot rebroussera jusques à moi!

Le flot qui porte mes larmes ne reviendra plus; retournera-t-elle, celle dont ce flot va

5

peut-être mouiller les pieds?... Nous foulons tous les deux ton rivage, nous errons tous les deux, moi à ta source, elle près de la mer bleue; mais ce qui nous sépare n'est ni la distance, ni la profondeur de l'onde, ni l'étendue de l'espace, c'est la fatalité de nos destinées, aussi opposées que les climats qui nous ont vus naître.

L'étranger qui aime la belle Italienne naquit au delà des monts, mais son sang est tout méridional, comme s'il n'avait jamais été rafraîchi par le vent qui glace la mer polaire.

Oui, mon sang est tout méridional : s'il ne l'était pas, aurais-je quitté ma patrie? serais-je, en dépit de tourments impossibles à oublier, serais-je de nouveau l'esclave de l'amour... de ton amour?

C'est en vain que je voudrais lutter. Ah! que je meure jeune! — Vivons comme j'ai vécu, aimons comme j'ai aimé; si je retourne à la poussière... je suis sorti de la poussière... Alors du moins, mon cœur ne pourra plus être troublé [1]!

BEPPO,

NOUVELLE VÉNITIENNE.

On sait, ou du moins on doit savoir que dans tous les pays catholiques, quelques semaines avant le jour du mardi gras, les gens, quelque haut que soit leur rang, quelque basse que soit leur condition, prennent leur soûl de divertissements, et achètent le repentir, avant de se faire dévots, en jouant du violon, en banquetant, dansant, buvant, se masquant, et autres choses qu'on peut avoir en les demandant.

Au moment où la nuit couvre les cieux d'un noir manteau (et plus sombre elle est, meilleure elle est), commence le temps qu'aiment moins les maris que les amants; la pruderie se débarrasse de ses chaînes, et la gaieté se balance sur la pointe du pied; toujours en action, riant avec tous les galants qui l'entourent! — Et il y a des chansons et des refrains, des cris et des fredons, des guitares et toute sorte de musique.

Il y a des costumes splendides, mais bizarres, des masques de tous les temps et de toutes les nations, des Turcs et des Juifs, des arlequins et des bouffons avec leurs tours de force, des Grecs, des Romains, des Yankee-doodles et des Hindous, toute espèce de costumes enfin, excepté l'ecclésiastique : chacun, selon sa fantaisie, peut choisir le sien ; mais personne, dans ce pays, ne peut tourner le clergé en ridicule.

Cette fête est appelée le *Carnaval*, mot qui signifie, si on l'interprète, adieu à la chair; et la chose est d'accord avec le nom, car pendant tout le carême on vit de poisson, ou salé ou frais. Mais pourquoi fait-on précéder le carême de tant de réjouissances? C'est ce que

---

[1] Ces vers furent composés vers la mi-avril, en 1819, pendant que lord Byron se rendait de Venise à Ravenne, où il espérait retrouver la comtesse Guiccioli.

je ne sais pas, quoique je devine que ce doit être comme nous vidons nos verres, en prenant congé de nos amis, au moment de monter dans la diligence ou sur le paquebot.

C'est ainsi qu'on dit adieu aux plats de viande, aux mets solides, aux ragoûts épicés, pour vivre pendant quarante jours de poisson mal accommodé, parce que dans ce pays on n'a pas de sauces dans les offices, chose qui occasionne maints *pouah*, et maints *pouais*, et maints juremens (qui répugnent à la Muse) de la part des voyageurs, accoutumés dès leur enfance à manger leur saumon au moins avec de la sauce au dolie du Japon.

De toutes les villes où le carnaval était le plus joyeux, au temps jadis, le plus riche en danses, chants, sérénades, bals, mascarades, pantomimes et mystères, et en autres divertissemens que je n'ai pas le temps de citer aujourd'hui ou jamais, Venise était la ville qui l'emportait sur les autres; et, à l'époque à laquelle je fixe mon histoire, la cité fille des mers était dans toute sa gloire.

Elles ont encore de jolis visages ces mêmes Vénitiennes : yeux noirs, sourcils bien arqués, physionomie douce comme celles qu'on copiait des Grecques dans les arts antiques, si mal imités par les modernes : lorsqu'elles se penchent sur leurs balcons, elles ressemblent aux Vénus du Titien (la meilleure est à Florence; allez la voir si vous voulez), ou l'on croirait voir s'animer une figure de ce tableau du Giorgione,

Dont les couleurs sont la plus admirable expression de la beauté et de la vérité. Quand vous allez au palais Manfrini, quelque beaux que soient les autres tableaux, celui-là est, selon moi, le plus ravissant de toute la galerie. Ce serait peut-être aussi votre goût; c'est pour cela que j'en parle dans mes vers. Ce n'est que le portrait du fils de Giorgione, celui de sa femme et du peintre lui-même; mais quelle femme!... l'amour doué de la vie!

Ce visage vous rappelle un visage, vous ne savez pas bien lequel, que vous avez vu une fois, mais que vous ne reverrez plus; une de ces formes qui glissent auprès de nous, quand nous sommes jeunes et que nous attachons nos yeux sur tous les visages : nous l'apercevons à peine un moment, et déjà elle a fui; ces charmes, cette grâce suave, cette jeunesse, cette fraîcheur, cette beauté, nous les distinguons dans mainte créature sans nom, dont nous ne saurions et ne saurons jamais retrouver les traces, comme celles de la Pléiade perdue, qu'on ne revoit plus sur la terre.

J'ai dit que les femmes vénitiennes étaient comme un portrait du Giorgione, et telles sont en effet les Vénitiennes, surtout quand elles sont vues à leur balcon (la beauté quelquefois est vue plus avantageusement à certaine distance); et là, semblables à une héroïne de Goldoni, elles jettent un coup d'œil de derrière la jalousie, ou par-dessus la rampe; et, pour dire la vérité, elles sont généralement très-jolies et aimant à se montrer, ce qui est bien dommage.

Il y a quelques années, peut-être trente, quarante, plus ou moins, le carnaval de Venise était dans tout son éclat, ainsi que toutes les espèces de bouffonneries et de déguisemens. Une dame alla pour voir les mascarades; je ne sais ni ne peux deviner son vrai nom, et par conséquent nous l'appellerons Laura, si vous voulez, parce que ce nom entre aisément dans mes vers.

Elle n'était pas vieille, ni jeune, ni parvenue à ce nombre d'années que certaines gens appellent un *certain âge*, et qui me paraît le plus incertain, parce que je n'ai jamais entendu dire qu'on ait décidé, je n'ai jamais pu décider moi-même personne, par prières, promesses ou larmes, à nommer ou définir, verbalement ou par écrit, l'époque précise désignée par ces mots, — chose, certes, excessivement absurde,

Laura était encore fraîche et avait tiré le meilleur parti du temps, qui lui avait rendu la pareille et l'avait bien traitée; de sorte qu'en toilette elle paraissait extrêmement bien partout où elle allait. Une jolie femme est toujours la bienvenue; et rarement Laura avait froncé le sourcil : au contraire, elle était toujours à sourire, et semblait inviter les hommes, par la flatterie de ses yeux noirs, à la regarder.

Son mari naviguait sur l'Adriatique, et faisait aussi quelques voyages dans d'autres mers; et quand il était en quarantaine (précaution de quarante jours contre la maladie), sa femme montait parfois à son étage le plus élevé, car de là elle pouvait facilement distinguer le vaisseau. C'était un marchand qui faisait le commerce avec Alep : son nom était Giuseppe; on l'appelait, d'une manière abrégée, Beppo.

C'était un homme aussi basané qu'un Espagnol, brûlé par le soleil dans ses voyages, et cependant un bel homme, quoique teint en quelque sorte dans une tannerie : il avait à la fois de l'esprit et de l'énergie. Jamais meilleur marin ne monta un navire; et Laura, quoique ses manières n'annonçassent pas beaucoup de rigueur, était considérée comme une femme de principes très-sévères, jusqu'à passer pour être presque invincible.

Mais plusieurs années s'étaient écoulées depuis qu'ils s'étaient vus; quelques personnes pensaient que le navire était perdu, quelques autres que Beppo s'était un peu fourvoyé en faisant des dettes, et ne se souciait guère de revenir à Venise : il y avait enfin des gens qui vous offraient de parier qu'il reviendrait ou ne reviendrait pas; car la plupart des hommes (jusqu'à ce que la perte les ait rendus plus sages) soutiendront leur opinion par une gageure.

On dit que leur dernière séparation avait été pathétique, comme le sont ou doivent l'être tous les adieux : lorsque Beppo avait quitté son Ariadne de l'Adriatique, agenouillée tristement sur le rivage, leur pressentiment avait été tout à fait prophétique, comme s'ils ne devaient plus se revoir (sorte de sensation maladive, à demi poétique, dont j'ai vu moi-même deux ou trois exemples.)

Laura attendit longtemps, pleura un peu, et pensa à porter le deuil aussi bien qu'elle pourrait. Elle perdit presque l'appétit, elle ne pouvait pas dormir tranquillement toute seule la nuit. Elle croyait entendre les fenêtres et les volets résister aux efforts d'un audacieux voleur ou d'un esprit : elle jugea donc prudent de se donner un vice-mari, *principalement pour la protéger*.

En attendant que Beppo revint de sa longue croisière, et réjouit de nouveau son cœur fidèle, elle choisit (que ne choisirait pas une femme, pour peu que vous fassiez mine de vous opposer à son choix?), elle choisit une sorte d'homme que quelques femmes aiment et dont cependant elles raillent. C'était, répétait la voix commune, un petit-maître, un comte, disait-on, aussi riche que noble et très-libéral dans ses plaisirs.

Le comte et Laura allèrent au Ridotto (c'est un endroit où je veux aller ce soir moi-même, rien que pour me distraire un moment, étant un peu abattu, et pour y ranimer un peu mes esprits, en devinant quelle figure est cachée sous chaque masque; et, comme ma mélancolie me donne relâche de temps en temps, je ferai ou trouverai quelque chose qui me permettra de la laisser de côté pendant une demi-heure).

Laura traverse la foule joyeuse, le sourire dans les yeux et sur les lèvres : elle parle tout bas aux uns, elle parle haut à d'autres : à ceux-ci elle fait une révérence, à ceux-là un salut plus léger; se plaint de la chaleur, et, cette plainte étant approuvée, son amant apporte la limonade; — elle boit à petits coups; — ensuite elle regarde; mais elle s'afflige pour ses meilleures amies en les voyant si mal habillées.

L'une a de faux cheveux, une autre trop de fard, une troisième — où a-t-elle acheté cet horrible turban? Une quatrième est si pâle qu'elle craint qu'elle ne soit au moment de s'évanouir; une cinquième a l'air commun, gauche, et bourgeois. — La robe de soie d'une sixième a pris une teinte jaune; la mousseline si mince d'une septième lui portera malheur; et voici... une huitième paraît... « Je n'en verrai pas davantage, » de peur que, comme les rois de Banquo, le nombre n'arrive à la vingtaine.

Tandis que Laura était ainsi occupée à voir et à être vue, — souriant, causant sans trop savoir de quoi et sans s'en inquiéter, pourvu que ses amies, brûlant d'envie, fussent témoins de ses airs et de son triomphe, et que les hommes bien mis continuassent à défiler devant elle, s'inclinant en passant et échangeant quelques mots avec elle, une personne semblait la regarder plus que le reste et avec une persévérance vraiment rare.

C'était un Turc, couleur d'acajou : Laura l'aperçut, et fut d'abord contente, parce que les Turcs admirent beaucoup la philogynie, quoique leur manière d'en user avec les femmes soit triste; on dit qu'ils ne traitent pas mieux qu'un chien toute pauvre femme qu'ils achètent comme ils achèteraient un cheval : ils en ont plusieurs, quoiqu'ils ne les fassent jamais voir... quatre femmes légitimes et des concubines *ad libitum*.

Le Turc de notre Laura ne cessait de la regarder, moins à la manière des musulmans qu'à celle des chrétiens, qui semble dire : Madame, je vous fais honneur, et tant qu'il me plaira de vous regarder il vous plaira de rester. Si des regards pouvaient gagner une femme, ceux du Turc auraient gagné Laura; mais elle n'était pas si facilement égarée, ayant soutenu trop longtemps le feu des œillades pour reculer devant le coup d'œil vraiment étrange de cet étranger.

Laura, qui savait qu'il n'y avait rien à gagner pour elle à attendre le point du jour, après être restée sept heures au bal parmi trois mille personnes, crut juste et raisonnable de tirer sa révérence. Le comte était à côté d'elle avec son shawl; ils étaient sur le point

6

de quitter la salle, lorsque, voyez! ces maudits gondoliers s'étaient mis juste à la place où ils n'auraient pas dû se mettre.

Le comte et Laura trouvèrent enfin leur gondole, et voguèrent jusqu'à leur demeure sur l'onde silencieuse, parlant de tous les bals qu'ils avaient vus, des danseuses et de leur toilette, avec un peu de médisance par-dessus le marché. — Mais quelle fut la peur de Laura et de son amant assis à son côté, lorsque, à l'approche des escaliers de leur palais, tout à coup le musulman est là devant eux!

— « Monsieur, dit le comte avec un visage très-grave, votre présence inattendue ici me force de vous demander quel en est le motif; mais peut-être est-ce une méprise : je l'espère ainsi, et, pour vous épargner tout compliment, je l'espère par égard pour vous; vous comprenez ce que je veux dire ou vous le comprendrez. »

« — Monsieur, dit le Turc, ce n'est pas du tout une méprise : cette dame est ma femme. »

Une vive surprise colore d'abord le visage changeant de la dame; mais là où une Anglaise s'évanouit quelquefois, les femmes italiennes résistent plus longtemps; elles invoquent d'abord un peu leurs saints, et puis reviennent à elles en grande partie ou complétement, ce qui épargne beaucoup d'esprit de corne de cerf, de sels, d'eau jetée au visage, et de lacets coupés, comme c'est l'usage en pareil cas.

Laura dit... — Que pouvait-elle dire? Quoi? pas un mot : mais le comte invita poliment l'étranger, qui fut très-apaisé par ce qu'il entendit : « Entrez, dit-il; de pareilles matières seront mieux discutées dans la maison; ne nous rendons pas ridicules en public par une scène; n'assemblons pas du monde en faisant du bruit; ou l'on nous devra le plaisir de pouvoir railler sur toute cette affaire. »

Ils entrèrent, et demandèrent le café; — on servit ce breuvage, qui est excellent pour les Turcs et les chrétiens, quoiqu'ils ne le fassent pas de la même manière. Alors Laura, bien remise ou moins paresseuse à parler, s'écria :

« Beppo, quel est votre nom païen? Dieu me bénisse, votre barbe est d'une taille effrayante. — Comment êtes-vous resté si longtemps absent? ne sentez-vous pas que c'était très-mal?

« Mais êtes-vous *réellement*, *véritablement* un Turc? vous êtes-vous marié avec d'autres femmes? est-il vrai qu'elles se servent de leurs doigts pour fourchettes? Ah! voilà bien le plus joli des shawls, sur ma vie! — Me le donnerez-vous? On dit que vous autres Turcs vous ne mangez pas de porc. Et combien d'années avez-vous passées à... — Dieu me bénisse! ai-je jamais — non, jamais je n'ai vu un homme devenir si jaune! votre foie est-il malade?

« Beppo, cette barbe ne vous va pas bien; vous la ferez raser avant vingt-quatre heures. Pourquoi la portez-vous si longue? Ah! j'oubliais... — Je vous prie de croire que le climat n'est pas plus froid ici. Comment me trouvez-vous? Vous ne sortirez pas dans ce bizarre costume, de peur que quelque curieux ne vous voie et ne révèle toute l'histoire. Comme vous avez les cheveux courts! Seigneur Dieu! comme ils sont devenus gris! »

Quelle réponse fit Beppo à ces questions? c'est plus que je n'en sais. Il avait été jeté sur la côte où jadis avait été Troie, où aujourd'hui il n'est plus rien ; il était devenu esclave, comme de raison, et, pour prix de son travail, avait reçu du pain et la bastonnade ; jusqu'à ce que, quelque bande de pirates abordant à une baie voisine, il se joignit à ces coquins, prospéra, et devint un renégat obscur.

Mais il était aussi devenu riche ; et, une fois riche, son désir de revoir la terre natale avait été si vif, qu'il s'était cru obligé d'y revenir et de ne pas toujours rester à écumer les mers. Il s'attristait quelquefois d'être seul comme Robinson Crusoé : il loua donc un navire, venu d'Espagne, et qui faisait voile pour Corfou ; c'était une belle polaque montée de douze rameurs et chargée de tabac.

Il s'embarqua donc au risque de perdre la vie ou ses membres ; lui-même d'abord, et puis ses richesses (acquises Dieu sait comme) ; et il gagna le large, quelque téméraire que fût cette entreprise. Il dit que la Providence l'avait protégé ; — pour moi, je ne dis rien, de peur de n'être pas, lui et moi, de la même opinion : — fort bien. Le navire était fin voilier ; il partit et arriva au temps promis, sauf trois jours de calme qui survinrent après le cap Bonn.

Ils abordèrent à Corfou : Beppo transporta sa cargaison, sa personne et ses bêtes dans un autre lieu, et passa pour un vrai marchand turc trafiquant de diverses denrées dont j'ai oublié les noms. Quoi qu'il en soit, il s'échappa par cette ruse ; autrement il aurait peut-être été tué ; puis il revint à Venise réclamer sa femme, sa religion, sa maison, et son nom chrétien.

Sa femme le reçut, le patriarche le rebaptisa (il fit, en passant, un cadeau à l'église) : il quitta ensuite les vêtements qui le déguisaient, et emprunta, pour un jour, les habits du comte. Ses amis ne l'aimèrent que davantage après sa longue absence, en trouvant qu'il rapportait surtout de quoi les amuser par des dîners, où il devint souvent le sujet de leurs railleries pour certaines histoires ; mais je ne crois pas la moitié de tous les contes qu'on faisait.

Quelque chose que sa jeunesse eût soufferte, sa vieillesse l'indemnisa en lui fournissant de l'or et des récits à faire. Quoique Laura le mît quelquefois en colère, j'ai ouï dire que le comte et lui restèrent toujours amis. Ma plume est au bas d'une page, qui, étant finie, amène la conclusion de l'histoire : il est à souhaiter qu'elle eût fini plus tôt ; mais les histoires s'allongent un peu, une fois qu'elles sont commencées.

LA FIANCÉE D'ABYDOS,

HISTOIRE TURQUE.

CHANT PREMIER.

I.

Connaissez-vous la contrée où le cyprès et le myrte sont les emblèmes des actions de l'homme qui l'habite ; où la rage du vautour et l'amour de la tourterelle font naître tantôt des histoires mélancoliques, tantôt des récits de crimes? Connaissez-vous la contrée du cèdre et de la vigne ; où les fleurs succèdent aux fleurs; où le ciel est toujours brillant ; où les ailes légères du zéphir chargées de parfums se ralentissent fatiguées sur les jardins de Gul dans toute leur fraîcheur ; où le citronnier et l'olivier portent des fruits si beaux ; où la voix du rossignol n'est jamais muette; où les teintes de la terre et les couleurs du ciel, différentes entre elles, rivalisent de beauté; où la pourpre de l'Océan est d'une nuance si foncée ; où les vierges sont douces comme les roses dont elles tressent des guirlandes ; où tout est divin, excepté le caractère de l'homme? C'est le beau climat de l'Orient ; c'est la terre du soleil. Comment peut-il éclairer de son sourire les actions de ses enfants? Ah ! sombres comme l'adieu des amants sont les cœurs que renferment leurs seins, et les histoires qu'ils racontent.

II.

Entouré de maints vaillants esclaves, armé comme il convient aux braves, et attendant les ordres de leur seigneur pour guider ses pas ou protéger son repos, le vieux Giaffir était assis dans son divan. Une pensée profonde se faisait remarquer dans l'œil du vieillard : et, quoique le visage d'un musulman trahisse rarement à ceux qui l'observent le secret de son âme, habile qu'il est à tout cacher, excepté son indomptable orgueil, le front pensif et l'air réfléchi de Giaffir laissaient deviner plus que de coutume ce qui l'agitait.

III.

« Qu'on se retire de cette salle ! » — Toute sa suite a disparu. — « Qu'on me fasse venir le chef de la garde du harem. » Il n'y a plus avec Giaffir que son fils unique, et le Nubien qui attend les ordres du Pacha. — « Haroun, aussitôt que la foule aura dépassé la porte extérieure (malheur à la tête de celui dont les yeux regarderaient les traits non voilés de ma Zuléika !), va chercher ma fille dans la tour qu'elle habite : dès cette heure sa destinée est fixée. Ne lui répète pas mes paroles, c'est de moi seul qu'elle doit apprendre son devoir ! »

« Pacha, entendre, c'est obéir ! » C'est tout ce qu'un esclave doit dire à un despote. Déjà Haroun a pris le chemin de la tour ; mais ici le jeune Sélim rompt le silence qu'il avait gardé jusqu'alors. Après s'être incliné profondément, selon l'usage, il baisse les yeux et parle avec douceur, en se tenant toujours debout aux pieds du Pacha ; car le fils d'un musulman mourrait plutôt que d'oser s'asseoir devant son maître.

« O mon père ! lui dit-il, ne gronde point ma sœur ou son noir gardien ; car, si une faute a été commise, j'en suis seul coupable ; que le regard de ta colère ne tombe que sur moi ! La matinée était si belle, que le sommeil pouvait être agréable aux vieillards ou aux voyageurs fatigués : à moi, non ; mais jouir seul des scènes magnifiques que m'offraient la terre et la mer ne pouvait me plaire. Quelle que soit mon humeur, je n'ai jamais pu aimer la solitude ; je suis donc allé réveiller Zuléika : tu sais que la porte du harem s'ouvre bien vite pour moi. Notre gardien n'était pas encore éveillé, que déjà nous errions sous les allées de cyprès, où nos yeux s'emparaient de la terre, de la mer et du ciel. Là, nous sommes restés trop longtemps peut-être, séduits par la lecture de l'histoire de Mejnoun, ou par une chanson du poëte Sadi, jusqu'à ce que le tambour qui annonce l'heure de ton divan m'ait rappelé mes devoirs et m'ait fait revenir à la hâte pour te saluer. Mais Zuléika se promène encore... ô mon père ! ne sois pas irrité... n'oublie pas que personne ne peut pénétrer dans ce bosquet secret, excepté les esclaves qui gardent la tour des femmes. »

IV.

« Fils d'un esclave, répond le Pacha, enfant d'une mère infidèle, c'est en vain qu'un père se flatterait de rien voir en toi de ce qui convient à un homme. Quand ta main devrait lancer un javelot, bander un arc ou dompter un coursier, Grec de cœur, sinon de croyance, tu vas écouter le gazouillement des eaux ou voir épanouir les roses ! Ah ! que cet astre, dont les clartés matinales excitent tant l'admiration de tes yeux indolents, ne te communique-t-il une étincelle de son feu ! Tu verrais timidement le canon chrétien démolir ces créneaux ; ou les Moscovites renverser les antiques murailles de Stamboul, et tu ne frapperais pas un seul coup pour combattre les chiens de Nazareth. Va, que ta main, plus faible que celle d'une femme, manie le fuseau et non le fer ! Pour toi, Haroun, cours vers ma fille, mais écoute... crains pour ta tête si Zuléika s'éloigne trop souvent... tu vois mon arc... il a une corde ! »

V.

Aucun son ne sort de la bouche de Sélim, aucun du moins qui aille frapper l'oreille du vieux Giaffir. Mais chaque parole du Pacha, chacun de ses regards menaçants, lui perçait le cœur mieux qu'un'eût pu le faire une épée chrétienne.

« Fils d'un esclave ! accusé de lâcheté ! Ces outrages eussent coûté cher à un autre ! Fils d'un esclave ! — Et qui donc est mon père ? »

C'est ainsi que Sélim donnait carrière à ses sombres pensées ; et dans ses regards il y avait plus que de la colère... Il les détourne ; mais Giaffir tressaille en examinant son fils ; car il a vu dans ses yeux le terrible effet de ses reproches et une rébellion naissante.

« Viens ici, jeune homme. — Quoi ! pas de réponse ? — Je te connais, et j'apprécie ton mérite ; mais il est des actions que tu n'oserais encore entreprendre : si ta barbe était seulement plus touffue, si ta main avait plus de force et d'adresse, j'aimerais à te voir rompre une lance, et peut-être même contre la mienne. »

Giaffir avait prononcé ces paroles avec l'accent de l'ironie, et ses yeux regardaient fixement Sélim ; mais celui-ci rend coup d'œil pour coup d'œil, et soutient si fièrement les regards de son père, qu'il le force de baisser les yeux. Le vieillard n'ose pas s'avouer la cause de son embarras involontaire.

7

« J'ai peur qu'un jour, pensait-il en lui-même, ce jeune téméraire ne me cause des craintes plus sérieuses : je ne l'ai jamais aimé depuis sa naissance... Si ce n'était que son bras est peu redoutable, et qu'à peine oserait-il lutter avec l'antilope ou le faon timide, et encore moins se risquer dans ces combats où l'homme poursuit la gloire au péril de sa vie... je me défierais de ce ton... de ce regard... et de ce sang si près du mien ! ce sang... il n'a pu m'entendre... c'en est assez; désormais je l'observerai plus attentivement. C'est pour moi un Arabe, ou un chrétien demandant quartier dans un combat. — Mais écoutons ! — J'entends la voix de Zuléika : cette voix frappe mon oreille comme les hymnes des houris; c'est celle de l'enfant de mon choix. Oh ! elle m'est plus chère encore que sa mère; avec elle, tout est espérance, et rien n'est à craindre. — Ma Péri ! tu es toujours la bienvenue ici : aussi douce que peut l'être aux lèvres brûlantes du voyageur l'eau de la fontaine du désert, qui vient à temps l'arracher au trépas, telle tu parais à mes yeux impatients; et les pèlerins dont la vie a été sauvée ne peuvent porter à la Mecque plus de vœux reconnaissants que je n'en adresse pour ta vie, moi qui te bénis à ta naissance et qui te bénis encore aujourd'hui. »

VI.

Belle comme la première femme souriant à cet aimable et dangereux serpent, dont l'emblème était déjà gravé dans son cœur; une fois séduite, et séduisant de plus en plus à son tour; ravissante comme ces visions, hélas! trop passagères, accordées au sommeil peuplé de fantômes, où se réfugie la douleur et où le cœur croit revoir dans un songe élyséen le cœur qu'il aimait jadis, et retrouve vivants dans le ciel ceux qu'il avait perdus sur la terre; douce comme la mémoire d'une amante au tombeau ; pure comme la prière que l'enfance exhale : telle était la fille de ce dur et vieux Pacha. Il l'accueillit avec des larmes, mais non des larmes de chagrin.

Qui n'a pas éprouvé combien les mots sont insuffisants pour fixer une étincelle du céleste rayon de la beauté? Qui ne le sent pas, jusqu'à ce que sa vue affaiblie et troublée par sa douce émotion, les couleurs changeantes de ses joues et son cœur oppressé, attestent la force, la majesté de cette puissance aimable? Telle était Zuléika ; ainsi brillaient autour d'elle les charmes inexprimables qu'elle seule n'avait point remarqués ; le feu de l'amour, la pureté de la grâce, l'esprit, la mélodie qui respirait sur sa figure; et ce cœur dont la douce influence harmoniait le tout; oh ! son regard était lui-même une âme.

Ses bras gracieux étaient croisés avec modestie sur son sein naissant ; au premier mot de tendresse elle les étendit et les jeta au cou de son père, qui la bénissait en lui rendant ses caresses enfantines. En ce moment Giaffir se sentit prêt à renoncer à la résolution qu'il avait prise : non que son cœur, quoique sévère, vît dans cet hymen autre chose que le bonheur pour sa fille ; mais si l'affection l'enchaînait à elle, l'ambition aveugle brisait ce lien.

VII.

« Zuléika, aimable enfant, ce jour même doit te prouver combien ton père t'aime, puisque j'oublie la douleur de perdre celle qui m'est si chère pour lui dire d'habiter avec un autre. Un autre !... mais jamais, jamais guerrier plus vaillant ne parut dans la mêlée du combat. Enfants de Mahomet, nous tenons peu à la noblesse du sang; mais la postérité de Carasman est restée toujours la même, la famille la plus illustre parmi les bandes hardies de ces Timariotes dont la bravoure sut conquérir et sait conserver leur pays. Mais

c'est assez que celui que je te destine soit parent du bey Oglou, il ne faut pas même penser à son âge : je ne voudrais pas d'un enfant pour ton époux. Ta dot sera belle. Quand la puissance de mon gendre sera réunie à la mienne, nous pourrons mépriser les firmans de mort dont la seule vue fait trembler tous les sujets du Sultan , et ses messagers apprendront quel destin est réservé au porteur d'un présent si funeste. Tu connais maintenant la volonté de ton père : je viens de t'apprendre tout ce que ton sexe a besoin de savoir. C'était à moi qu'il appartenait de t'enseigner l'obéissance ; ton époux saura t'enseigner l'amour. »

VIII.

La tête de la vierge se pencha en silence : si son œil était plein de larmes que sa sensibilité comprimée n'osa épancher ; si son visage rougit et pâlit tour à tour quand les paroles rapides du Pacha traversèrent son oreille comme des traits acérés, pouvait-on y voir autre chose que des craintes virginales ? Une larme est si belle dans l'œil de la beauté, que l'amour regrette presque de la sécher par un baiser : la rougeur est si douce sur le front de la pudeur, que la pitié elle-même ose à peine désirer qu'elle s'efface. Mais quoi qu'en pensât son père , il l'oublia bientôt ou n'y fit pas attention. Il frappa trois fois dans ses mains , et demanda son cheval ; il déposa sa chibouque ornée de pierreries, et, s'élançant bravement sur son coursier pour se rendre au pré , avec ses maugrabins et ses mamelucks , il partit au milieu de ses delhis pour voir maint exercice actif exécuté avec la lame affilée du sabre ou le djerrid émoussé. Le Kislar et ses Mores veillèrent seuls aux portes massives du harem.

IX.

La tête de Sélim était appuyée sur sa main, ses regards erraient sur l'onde d'un bleu foncé qui coule et s'enfle paisiblement dans le détroit des Dardanelles. Mais il ne voyait ni la mer ni la terre; il ne remarque pas même les turbans de la garde du Pacha , qui , dans la mêlée d'un combat simulé, frappent un feutre plissé qu'ils fendent habilement d'un coup de sabre ; il ne regarde pas la troupe qui lance la javeline, n'entend point leurs ollahs sauvages ; il ne pense qu'à la fille du vieux Giaffir.

X.

Aucun mot ne s'échappe du sein de Sélim ; un soupir exprime la pensée de Zuléika : il continue à regarder à travers le treillage de la fenêtre, pâle , muet, et tristement immobile. Zuléika fixe sur lui son regard, mais son aspect ne lui apprend que peu de chose : son chagrin égale le sien , mais n'est pas le même. Son cœur éprouvait une plus douce flamme ; mais ce cœur alarmé ou plus timide l'empêche de parler, elle ne sait pourquoi. Cependant il faut qu'elle parle, mais par où commencer?

« Il est étrange, se dit-elle, qu'il se détourne ainsi de moi ! ce n'est pas ainsi que nous étions ensemble auparavant, et ce n'est pas ainsi que nous devons nous séparer. »

Trois fois elle traverse lentement l'appartement ; son œil cherche celui de Sélim , il était toujours immobile. Elle saisit une urne remplie de parfums de l'atargule persane, et répand la liqueur odorante sur le pavé de marbre et sur les lambris peints de diverses couleurs : quelques gouttes que fait tomber la jeune fille en riant sur les habits brillants de Sélim, vont mouiller sa poitrine ; mais elle y est insensible comme le marbre lui-même !

« Eh quoi ! encore sérieux et sombre ! — Ce ne peut pas être ! — O mon cher Sélim ! est-ce bien toi ? »

Elle aperçoit un parterre des plus belles fleurs de l'Orient.

« Il les aimait autrefois : offertes par la main de Zuléika, elles pourront lui plaire encore. »

A peine cette idée enfantine est-elle exprimée, que la rose est cueillie ; le moment d'après voit Zuléika incliner sa tête ravissante aux pieds de Sélim.

« Cette fleur porte un message de Bulbul pour calmer le chagrin de mon frère. Il prévient qu'il prolongera cette nuit pour Sélim son chant le plus doux ; et, quoique ses chants soient un peu mélancoliques, il essaiera pour cette fois une expression plus gaie, avec la timide espérance que ses nouveaux accents dissiperont les tristes pensées qui l'accablent !

XI.

« Mais quoi ! refuser ma pauvre fleur ! vraiment je suis bien malheureuse ! ton front peut-il s'abaisser ainsi sur moi ? Ne sais-tu plus qui t'aime ici plus que personne ? O Sélim, frère chéri et plus que chéri ! parle, est-ce moi que tu hais ? est-ce bien moi que tu hais ou que tu crains ? Viens, repose ta tête sur mon sein ! Je t'endormirai par mes baisers, puisque mes paroles, et même les accents de mon rossignol supposé, ne peuvent réussir. Je savais que notre père était quelquefois sévère, mais j'avais encore à apprendre ceci de toi : je ne sais que trop qu'il ne t'aime point, mais l'amour de Zuléika est-il oublié ? Ah ! si je le croyais... le projet du Pacha... Ce parent du Bey de Carasman est peut-être quelqu'un de tes ennemis. S'il en est ainsi, je jure par le tombeau de la Mecque, si ce tombeau sacré ne repousse pas les vœux des femmes, quoiqu'il leur soit défendu de s'en approcher ; oui, je jure que sans ta volonté, sans ton libre consentement, le Sultan lui-même ne pourrait avoir ma main. Crois-tu que je puisse m'éloigner de Sélim, et partager mon cœur avec un autre ? Si je n'étais plus près de toi, qui serait ton amie, et qui serait mon guide ? Le temps n'amènera jamais l'heure qui doit séparer mon âme de la tienne. Azraël lui-même, quand sortira de son carquois cette flèche terrible qui sépare tous les cœurs, Azraël réduira du moins les deux nôtres en une poussière inséparable. »

XII.

Il vit, — il respire, — il se meut, — il recommence à sentir... Il relève la jeune fille agenouillée : son angoisse est passée, — son œil vif brille de ces pensées qui sont longtemps restées obscures dans son sein, — de ces pensées brûlantes, — qui éclatent dans son regard comme le fleuve naguère caché sous le rideau de ses saules, lorsqu'il se révèle soudain par la lumière de ses vagues. Comme la foudre s'échappe dans les airs du sombre nuage qui l'enchaînait, la flamme de l'œil de Sélim étincelle à travers les longs cils de ses paupières. Un cheval de guerre partant au son du clairon ; un lion éveillé par un limier imprudent ; un tyran appelé au combat par la pointe d'un poignard mal dirigé qui l'effleure à peine, — ne sont pas doués soudain d'une vie plus convulsive que Sélim lorsqu'il entend ce serment qui vient de trahir un sentiment jusque-là comprimé.

« Maintenant, tu es à moi, à moi pour toujours, à moi pour la vie, et peut-être même au delà de la vie : oui, tu es à moi, et, quoique prononcé par toi seule, ce serment nous a liés l'un et l'autre. Va ! la sagesse ici n'eût pas mieux fait que l'amour, ton serment a sauvé plus d'une tête ; mais pourquoi pâlir ? Une simple boucle de Zuléika mérite de moi

plus que de la tendresse ; je ne voudrais pas blesser le dernier des cheveux qui ornent ton beau front, pour tous les trésors d'Istakar. Ce matin, de sombres nuages m'entouraient, les reproches ont plu sur ma tête, et Giaffir m'a presque appelé lâche ; maintenant j'ai un motif d'être brave : le fils de son esclave négligée, — va, ne tressaille pas, c'est le terme dont il s'est servi, — peut prouver, quelque peu disposé qu'il soit à se vanter, il peut prouver qu'il a un cœur que ni ses paroles ni ses actions ne sauraient dompter. Son fils ! en vérité ! — Cependant, grâce à toi, peut-être le suis-je, ou du moins le serai-je... Mais que notre vœu secret ne soit jusque-là su que de nous.

« Je connais le misérable qui ose demander à Giaffir cette main accordée malgré toi. Jamais un Musselin n'avait eu âme plus basse et richesses plus mal acquises. N'est-il pas né à Égripo ? Israël ne pourrait nous montrer une race plus vile. Mais laissons cela, sachons garder nos serments, le temps révélera le reste. J'ai des partisans pour les jours du danger : ne pense pas que je sois ce que je parais ; j'ai des armes, des amis, et ma vengeance est prête. »

XIII.

« Ne pas penser que tu sois ce que tu parais ! O mon Sélim ! quel triste changement s'est opéré dans toi ! Ce matin tu étais si doux, si aimable ! et maintenant combien tu es différent de toi-même ! tu connaissais sûrement déjà ma tendresse ; elle ne saurait diminuer ni s'accroître ! Te voir, t'entendre et être toujours près de toi, c'est pour moi le bonheur. Je ne sais pourquoi je hais la nuit : peut-être est-ce parce que nous ne pouvons être ensemble que pendant le jour ; mais vivre avec toi et mourir avec toi, telle est l'espérance à laquelle je ne saurais renoncer ; baiser ton front, tes yeux, tes lèvres comme cela... et comme ceci... pas davantage... Mais, Allah ! tes lèvres sont de feu ! Quelle fièvre s'est allumée dans tes veines ? Je sens qu'elle s'est communiquée aux miennes, je sens du moins que mes joues sont brûlantes ! Adoucir tes souffrances, ou soigner ta santé, jouir de tes richesses sans les dissiper, et rester près de toi sans murmure, ou embellir presque ta pauvreté par mes sourires ; en un mot, faire tout, excepté fermer ton œil mourant, car je ne pourrais vivre pour le tenter, c'est à cela seul que mes pensées aspirent. Que puis-je faire de plus ? Qu'exigerais-tu davantage ?

» Mais apprends-moi, Sélim, pourquoi tant de mystère. Je n'en puis deviner la cause ; que cela soit, puisque tu le juges nécessaire. Je ne te comprends pas, quand tu me parles d'armes et de partisans. J'aurais voulu que Giaffir entendît le serment que j'ai prononcé : son courroux ne pourrait me le faire révoquer ; mais sans doute mon père me laisserait libre. Qui pourrait trouver étrange que je veuille toujours être ce que j'ai toujours été ? Quel autre que Sélim a vu Zuléika depuis le moment de sa naissance ? Quel autre Zuléika a-t-elle recherché que toi qui partageas les jeux de son enfance, toi, le compagnon de sa solitude ? Ces pensées chéries commencèrent avec mon existence : pourquoi ne pourrais-je plus les avouer aujourd'hui ? Quel changement est survenu pour m'obliger à cacher la vérité qui fit toujours mon orgueil et le tien ? Nos lois, notre croyance, notre Dieu, nous défendent de regarder les étrangers ; mon cœur ne murmurera jamais contre cette loi du Prophète : non, je me trouve heureuse de ce décret ; il ne m'impose aucune privation, puisque je puis te voir toujours près de moi. J'étais profondément affligée par la pensée de m'unir à quelqu'un que je n'aurais jamais vu : pourquoi ne le dirais-je pas à mon père ? pourquoi veux-tu m'obliger à le cacher ? Je sais que le caractère hautain du Pacha ne t'a jamais montré de la bienveillance. Il se met souvent en colère pour les motifs les plus légers.

8

Fasse le ciel que tu ne lui en fournisses jamais de légitimes! Je ne sais pourquoi la dissimulation me répugne. Serait-ce un crime de garder ainsi un secret? d'où viennent les angoisses que je ressens, quand je pense qu'il faut l'ensevelir dans mon cœur? O Sélim! il en est temps encore, explique-moi ce mystère, ne m'abandonne pas aux pensées de la crainte. O ciel! j'aperçois le tchoncadar qui s'avance. Mon père revient; je tremble maintenant de rencontrer ses regards. Ah! Sélim, ne peux-tu m'en dire la cause? »

XIV.

« Zuléika, retourne à ton appartement : je puis rencontrer les regards de Giaffir sans être intimidé ; et je suis obligé de rester pour parler avec lui des firmans, des impôts, des levées et des autres affaires de l'état. On a reçu des nouvelles alarmantes des bords du Danube ; notre Visir perd les plus braves de ses soldats en poursuivant des succès dont tous les avantages tourneront au profit des Giaours ; le Sultan a un moyen expéditif pour récompenser les triomphes de son ministre.

» Mais écoute : ce soir, quand le tambour du crépuscule aura appelé les soldats à prendre la nourriture et le repos, je me rendrai au lieu de ta retraite, nous sortirons sans bruit du harem, et nous aurons la liberté d'errer pendant la nuit. Les murs de nos jardins sont escarpés, personne ne peut les escalader pour écouter nos paroles ou abréger la durée de notre entrevue, et d'ailleurs, si quelqu'un osait s'y hasarder, j'ai un glaive dont plusieurs téméraires ont déjà éprouvé la trempe. Tu apprendras enfin des secrets auxquels tu n'as pas pensé encore. Crois-moi, Zuléika, je ne dois pas être pour toi un objet de crainte ; tu sais que j'ai une clef du harem...

» — Moi, te craindre! ô Sélim! tu ne m'avais jamais dit un mot semblable.

» — Ne perdons pas un moment; pars, Zuléika; j'ai une clef en ma possession : les gardes d'Haroun ont déjà reçu quelques récompenses, et ils en attendent encore davantage. Cette nuit, Zuléika, oui, cette nuit, tu apprendras mon histoire, tu connaîtras mes projets et mes craintes. Non, ma bien-aimée! non, je ne suis point ce que je parais être. »

CHANT DEUXIÈME.

I.

. . . .

II.

Les vents soufflent avec violence, et la mer d'Hellé se soulève et roule ses vagues sombres; les ombres tombantes de la nuit viennent couvrir ce champ ensanglanté en vain. Ce désert où s'élevait jadis l'orgueil du vieux Priam, et les tombeaux, seuls vestiges de son règne; tout s'évanouit... tout, excepté les rêves immortels qui charmaient le vieillard aveugle de l'île escarpée de Scio.

III.

Ah! cependant... (car j'ai vu ces lieux, mes pas ont foulé ces rivages sacrés, mes membres ont été portés par cette onde tumultueuse...) cependant, ô vieux poëte, puissé-je longtemps rêver et pleurer avec toi, parcourir ces antiques plaines, et croire que chaque tertre de gazon contient les cendres d'un héros non fabuleux, et qu'autour de ces lieux réels se précipite encore (ou « large Hellespont... » Quel est le cœur glacé qui oserait ici contredire ta muse?

IV.

La nuit a couvert de son ombre la mer d'Hellé; et la lune n'a pas encore atteint le sommet du mont Ida, cette lune qui a lui jadis sur les nobles scènes d'Homère; aucun guerrier ne se plaint aujourd'hui de son paisible rayon; mais les bergers heureux la bénissent toujours. Leurs troupeaux paissent sur le tombeau de celui qui sentit l'atteinte de la flèche de Pâris. Cette masse imposante de terre amoncelée, autour de laquelle le fils de Jupiter Ammon courut fièrement, ce monument élevé par des nations, couronné par des rois, n'est aujourd'hui qu'un monticule solitaire et sans nom. Au dedans, — combien sa demeure y est étroite! en dehors, — des étrangers seuls peuvent dire le nom de celui qui y fut enseveli. La poussière est toujours plus durable que la pierre gravée du tombeau; mais toi, roi victorieux, ta poussière même est perdue.

V.

Tard, — bien tard, cette nuit, Diane viendra éclairer le berger, et dissiper les craintes du matelot. Jusque-là, aucun fanal n'est allumé sur les rochers pour diriger la course de la nacelle luttant contre les flots. Toutes les lumières qui étincellent çà et là le long de la baie ont disparu l'une après l'autre; la seule lampe de cette heure solitaire, c'est celle qui éclaire la tour de Zuléika.

Oui, une lumière brille dans cette chambre silencieuse, et sur son ottomane de soie sont jetés les grains d'ambre odoriférants sur lesquels errent les doigts gracieux de Zuléika; près de ces grains est le saint amulette de sa mère, entouré d'émeraudes. (Comment pouvait-elle oublier ainsi ce bijou sur lequel était gravé le texte même du Koursi, et dont la vertu pouvait rendre heureux en cette vie et garantir le bonheur dans l'autre?) Auprès de son comboloio est un Koran enluminé, et maintes poésies décorées d'emblèmes brillants, sauvées des naufrages du temps par les écrivains de la Perse. Sur ces rouleaux est posée sa lyre, aujourd'hui négligée, mais qui n'était pas toujours ainsi muette. Autour de sa lampe d'or ciselé s'épanouissent des fleurs dans des urnes de la Chine; les plus riches tissus des métiers d'Iran, les parfums dont Schyraz paie le tribut, enfin tout ce qui peut charmer les yeux et les sens est réuni dans cet appartement somptueux, et cependant il a un air de tristesse : Zuléika, la divinité de cette cellule de péri, que fait-elle au milieu d'une nuit si orageuse?

VI.

Enveloppée dans un de ces vêtements noirs que les plus nobles musulmans ont seuls le droit de porter, et qu'elle a pris pour protéger contre le vent du ciel un sein plus cher à Sélim que le ciel lui-même, elle marche d'un pas prudent dans les allées du bosquet, et tressaille chaque fois que le vent fait entendre ses gémissements sourds dans le feuillage. Parvenue à un sentier plus uni, son cœur timide bat plus librement, et elle suit les pas de son guide silencieux : quoique la peur lui conseille de retourner, comment pourrait-elle abandonner son cher Sélim? comment enseigner à ses lèvres caressantes des paroles de reproche?

VII.

Ils arrivent enfin à une grotte creusée par la nature et agrandie par l'art, où souvent

Zuléika venait seule faire vibrer les cordes de son luth, et apprendre par cœur son Koran.
Souvent, dans une rêverie de son âge, elle se figurait ce que pouvait être le paradis.
Son Prophète avait négligé de dire où iraient les âmes de femmes ; mais Sélim était certain
du lieu où irait la sienne ; et, pensait-elle, il ne pourrait supporter longtemps d'habiter
un autre monde de bonheur sans celle qu'il aimait tant dans celui-ci. Ah ! par qui Sélim y
serait-il aimé comme par elle ? quelle houri le charmerait aussi bien ?

VIII.

Depuis qu'elle avait visité cette grotte, il semblait que quelque changement s'y fût
opéré ; peut-être était-ce la nuit qui seule y déguisait les objets ; cette lampe de bronze ne
jetait qu'une lumière sombre qui n'avait rien de la clarté du ciel. Mais Zuléika distingue
dans un enfoncement de la caverne des objets étranges pour elle. Là des armes étaient
empilées, exactement semblables à celles dont les delhis se servent dans les combats. La
lame et la poignée des sabres étaient d'une trempe étrangère ; il y en avait un qui était
rougi... peut-être par suite d'un crime : ah ! comment le sang pourrait-il être répandu
sans crime ! Sur une planche était une coupe qui paraissait ne pas contenir le sorbet !...
que signifie tout cela ? Elle se retourne pour chercher Sélim. Est-ce bien lui qui est auprès
d'elle ?

IX.

Sa robe superbe avait été abandonnée ; sa tête n'était plus couronnée d'un haut turban ;
mais à sa place un shawl rouge entourait ses tempes de ses plis négligemment ajustés ; cette
dague, dont la poignée était ornée d'un diamant digne d'un diadème, n'étincelait plus à
sa ceinture où étaient fixés deux pistolets sans ornement ; à son baudrier pendait un sabre,
et à son épaule était négligemment attaché un manteau blanc, cette mince capote qui
couvre le Candiote errant ; en dessous — sa veste à plaques d'or serrait sa poitrine comme
une cuirasse ; les jambières qui entouraient ses membres inférieurs, au-dessous du genou,
étaient revêtues de lames d'argent ; mais n'eût-ce été cet air de commandement qui animait ses yeux, son accent et son geste, un spectateur indifférent eût cru voir en lui un
jeune Galiongi.

X.

« Je t'ai dit que je n'étais pas ce que je paraissais être ; tu vois maintenant la vérité de
ce que je t'ai dit. J'ai à te faire un récit que tu n'aurais pu imaginer. S'il est vrai... cette
vérité sera fatale à plusieurs. En vain je voudrais te dissimuler aujourd'hui mon histoire.
Je ne saurais te voir devenir l'épouse d'Osman ; mais, si ta bouche ne m'avait déclaré déjà
combien j'avais de part à la tendresse de ton jeune cœur, je n'aurais pu et je n'aurais
pas dû lui révéler encore le profond secret du mien. En ce moment, je ne parle point encore
de mon amour : le temps, le péril et la constance sauront te le prouver. Mais d'abord —
oh ! n'en épouse jamais un autre, Zuléika ! Je ne suis point ton frère. »

XI.

» Tu n'es pas mon frère ! — Ah ! rétracte ces paroles. — Dieu ! suis-je condamnée à être
seule sur la terre pour y pleurer ? — Je n'ose pas maudire le jour qui éclaira ma naissance solitaire. Ah ! tu ne m'aimeras plus maintenant ; mon cœur alarmé pressentait un
malheur ; mais daigne, Sélim, me reconnaître encore pour tout ce que j'étais naguère :
— ta sœur, — ton amie, et toujours ta Zuléika ! Peut-être m'as-tu amenée dans ce lieu

pour me donner la mort! Si tu as une vengeance à satisfaire, tiens, vois; je t'offre mon
sein découvert : contente-toi ; plus heureuse de descendre parmi les morts que de vivre,
si je ne te suis plus rien ; peut-être même dois-je craindre pis encore. — Car je vois maintenant pourquoi Giaffir te semblait toujours un ennemi ; et moi, je suis la fille de ce Giaffir
par qui tu fus outragé, — méprisé !... Je ne suis plus ta sœur. — Eh bien, si tu veux que
je vive, dis-moi d'être ton esclave. »

XII.

« Mon esclave! Zuléika! Ah! c'est moi qui suis le tien ; mais, cher amour, calme ce
transport ; ta destinée sera toujours attachée à la mienne ; j'en jure par la mosquée de notre
prophète ; et que cette pensée soit le baume de tes chagrins. Puissent, au jour des dangers, puissent les versets du Koran, gravés sur la lame de mon glaive, diriger ses coups,
si je suis fidèle à ce serment solennel. Il faut changer un nom qui flattait ton cœur ; mais,
Zuléika, les liens qui nous enchaînaient se sont étendus au lieu de se rompre : quoique
ton père soit mon plus implacable ennemi, le mien fut à Giaffir ce que tu croyais que j'é-
tais pour toi-même. Ce frère barbare détrôna mon père, mais il épargna du moins mon
enfance ; il me berça d'une erreur dont il est encore temps de le récompenser par une erreur semblable : il m'éleva, mais sans m'accorder des soins paternels. Je fus près de lui
comme le neveu d'un Caïn ; il m'observait comme le petit d'un lion qui déjà ronge sa chaîne
et pourra bientôt la briser. Le sang de mon père bout dans mes veines ; cependant, pour
l'amour de toi, je différerai ma vengeance, quoique je ne doive plus rester ici. Apprends
d'abord, bien-aimée Zuléika, comment Giaffir exécuta ses odieux projets.

XIII.

» Comment naquit et s'envenima la discorde de nos pères? Fut-ce l'envie ou l'amour
qui les rendit ennemis! Peu importe maintenant, et je l'ignore. Entre deux âmes si ar-
dentes, les torts les plus légers suffisent pour troubler la paix. Le bras d'Abdallah était
redouté à la guerre ; son nom est encore célèbre dans le chant bosniaque ; et les hordes rebelles de Paswan disent assez combien un tel hôte leur était odieux. Mais je ne
dois raconter ici que sa mort, cruel effet de la vengeance de Giaffir, et comment la
découverte du secret de ma naissance, quel qu'en soit le résultat d'ailleurs, m'a rendu
libre.

XIV.

» Après avoir combattu pendant plusieurs années, d'abord pour défendre sa vie et ensuite assurer sa puissance, Paswan gouvernait trop fièrement dans les murs de Widdin.
Nos pachas se rallièrent autour du trône. Égaux dans leur commandement, les deux frères
commandaient chacun une armée séparée. Leurs queues de cheval furent déployées aux
vents, et ils se réunirent dans la plaine de Sophie ; les tentes étaient dressées, les postes
assignés à chacun ; hélas! inutilement pour l'un des deux. Qu'est-il besoin de tant de paroles? Par ordre de Giaffir, un poison subtil et cruel comme son âme fut versé dans la
coupe fatale, et envoya dans le ciel celle d'Abdallah. Abdallah délassait dans un bain son
corps fatigué par la chasse ; il était loin de penser que son frère lui destinait un pareil
breuvage pour étancher sa soif ; un esclave gagné lui présente la coupe ; il y porte les lèvres, et déjà la mort est dans son sein. Si tu doutes de la vérité de mon récit, ô Zuléika,
appelle Haroun ; — il pourra te le confirmer.

XV.

» Ce crime consommé et la guerre terminée, on partit ; quoique l'on n'eût pu parvenir à subjuguer Paswan, le pachalic d'Abdallah fut obtenu par Giaffir : tu ne sais pas combien, dans notre divan, la richesse peut acquérir de crédit au plus méchant des hommes. Les honneurs d'Abdallah furent donnés à celui qui s'était souillé du meurtre d'un frère : est vrai que, pour y parvenir, il épuisa presque les trésors que l'injustice avait amassés ; mais il les eut bientôt réparés. Veux-tu savoir par quels moyens ? Regarde ces terres incultes, interroge le paysan en haillons, à qui il arrache le prix de ses sueurs. Pourquoi le tyran m'a-t-il épargné ? comment s'est-il décidé à me faire partager son palais ? je l'ignore. La honte, les regrets, le remords, la faiblesse d'un enfant qui ne pouvait inspirer de craintes, le désir d'adopter un fils quand le ciel lui en avait refusé, quelque intrigue inconnue, un caprice : voilà peut-être à quoi j'ai dû mon salut ; mais je ne saurais rester en paix avec Giaffir ; il ne put, lui, faire fléchir son caractère orgueilleux, ni moi lui pardonner le sang d'un père.

XVI.

» Dans son palais ton père a des ennemis ; tous ceux qui rompent son pain ne lui sont pas dévoués. Si je leur révélais mon secret, il lui resterait peu d'instants à vivre : ils n'ont besoin que d'un chef qui les dirige et d'une main qui leur indique les coups qu'il faut frapper. Mais Haroun est le seul qui sait ou qui savait cette histoire, dont le dénoûment s'approche. Il occupait dans le sérail d'Abdallah le poste qu'il occupe ici ; il le vit expirer : mais que pouvait un simple esclave ? Venger son maître ? hélas ! trop tard. Soustraire son fils à une semblable destinée ? il choisit ce dernier parti ; et pendant que, fier d'avoir dompté ses ennemis et trahi ses ennemis, l'orgueilleux Giaffir était triomphant, Haroun me conduisit aux portes du palais. Ce ne fut pas en vain qu'il supplia pour un orphelin sans appui ; ma naissance fut cachée à tout le monde et surtout à moi-même : cette précaution assura la tranquillité du tyran. Bientôt Giaffir quitta la Romélie et les bords lointains du Danube pour s'établir sur ces rivages de notre Asie ; parmi les personnes qui restèrent auprès de lui, Haroun était le seul qui me connût ; ce Nubien a senti que les secrets d'un tyran sont des chaînes dont un captif se débarrasse avec joie. Voilà ce qu'il m'a révélé, et d'autres secrets encore. C'est ainsi que le juste Allah envoie au crime des esclaves, des instruments, des complices, mais jamais d'amis.

XVII.

» Tout ceci, Zuléika, est vraiment affreux à entendre ; mais plus affreuse encore est la suite de mon histoire ; je dois te dire la vérité tout entière, quoique mes paroles offensent ta douce timidité. Je t'ai vue tressaillir à la vue des vêtements qui me couvrent : eh bien ! ce sont là ceux que j'ai souvent portés et que je porterai longtemps encore. Ce Galiongi qui a reçu ton serment est le chef de ces hordes de pirates, fondant leurs lois et leur vie sur leurs épées. Tu pâlirais bien davantage en entendant leur effrayante histoire. Les armes que tu vois là, mes soldats les ont apportées ; les bras qui s'en servent ne sont pas éloignés de ce lieu ; cette coupe aussi s'emplit pour les brigands que je commande ; dès qu'ils l'ont vidée, ils ne reculent plus. Notre prophète pourrait pardonner à ses esclaves : ce n'est qu'en buvant du vin qu'ils sont infidèles à la loi.

XVIII.

» Que pouvais-je faire, proscrit ici, en butte aux reproches et aux tourments du désir d'errer au loin, laissé oisif? — car Giaffir, dans sa cruauté, m'empêchait d'avoir une lame et un coursier ; et cependant... ô Mahomet! combien de fois le despote n'a-t-il pas eu la lâcheté de m'outrager en plein divan, comme si ma faible main s'était refusée à manier le fer ou les rênes! Il allait seul à la guerre, et me retenait ici dans son palais, privé d'espérance et de gloire ; j'étais abandonné aux soins d'Haroun, avec les femmes, déçu dans mes espérances et sevré de gloire, tandis que toi — dont la charmante douceur pouvait m'énerver, mais du moins m'eût consolé, — tu étais envoyée dans les remparts de Brusa pour y attendre l'issue des combats. Haroun, qui s'aperçut que mon esprit languissait sous le poids de l'inaction, brisa ma chaîne pendant une campagne, quoiqu'il abandonnât son captif avec crainte, en me faisant promettre de revenir avant le jour où le commandement de Giaffir serait expiré. C'est en vain ; ma langue ne peut t'exprimer l'ivresse de mon cœur, lorsque pour la première fois ces yeux rendus à la liberté contemplèrent la terre, l'océan, le soleil et les cieux, comme si mon âme les eût pénétrés, comme si elle en découvrait les merveilles les plus secrètes. Un seul mot peut te peindre cette sensation au dessus de toutes les autres : j'étais libre ; je cessai même de soupirer après ta présence : le monde! — le ciel lui-même était à moi.

XIX.

» L'esquif d'un More affidé me transporta loin de ce rivage oisif. J'avais le désir de voir les îles qui brillent sur le diadème de pourpre du vieil océan ; je les visitai l'une après l'autre, et les vis toutes. Mais quand et dans quel lieu me suis-je joint à cette troupe avec qui j'ai juré de triompher ou de périr? Quand tout ce que nous projetons sera accompli, ce sera alors le temps de te l'apprendre et de rendre cette histoire complète.

XX.

» Ce sont, il est vrai, des hommes sans lois ; ils ont des formes rudes, et leur caractère est farouche. Toutes les nations, toutes les croyances, ont trouvé et peuvent trouver encore place dans leurs rangs ; mais la vérité sur les lèvres, le bras toujours prêt à frapper, l'obéissance aux ordres de leur chef, une âme capable de toutes les entreprises, et ne voyant jamais avec les yeux de la crainte, l'amitié pour chacun de leurs compagnons, et la fidélité à tous, la vengeance promise à ceux qui succombent : voilà ce qui les rend propres à l'exécution de mes projets, et à plus encore. Quelques-uns — je les ai étudiés tous — quelques-uns sont distingués des rangs vulgaires ; mais j'appelle surtout à mes conseils l'adresse et le talent du Franc. Quelques autres aspirent à de plus hautes pensées : ce sont les derniers des patriotes de Lambro, qui jouissent parmi nous d'une liberté anticipée, et qui souvent, autour du feu d'une caverne, discutent des plans chimériques pour soustraire les rajahs à leur sort. Laissons-les soulager leurs liens en parlant de cette égalité des droits que l'homme ne connut jamais... Moi aussi j'aime la liberté.

« Ah! laisse-moi errer comme le patriarche de l'océan, ou ne connaître sur la terre que la patrie du Tartare. Sur le rivage ma tente, mon navire sur la mer, sont pour moi plus que des villes et des sérails. Dans le désert, porté par mon cheval ou sur les flots, entraîné par ma voile, conduisez-moi où vous voudrez, toi, mon barbe bondissant, ou toi, ma proue légère ; mais toi, Zuléika, sois l'étoile qui guide la marche incertaine de ton

amant vagabond : toi, ma Zuléika, partage et bénis ma nacelle ; sois la colombe de paix
et de promesse de mon arche ; ou, puisque dans ce monde de troubles cet espoir est vain,
sois mon arc-en-ciel au milieu des orages de la vie ; sois pour moi le rayon du soir dont le
sourire dissipe les nuages, et qui colore déjà le lendemain d'un prophétique rayon. — Tu me
raviras — comme la voix du muezzin qui arrive au pèlerin pieux et prosterné du haut des
remparts de la Mecque. Douce pour moi comme la mélodie d'une jeune voix, qui dérobe
une larme tremblante à l'admiration muette, le chant natal n'est pas plus cher à l'oreille de
l'exilé que ne le seront pour Sélim les mots qu'embelliront les accents de ta voix. Un asile
est préparé pour toi, dans ces îles délicieuses, aussi beau qu'Éden aux premiers jours de la
création. Là, sont mille glaives qui, avec le cœur et le bras de Sélim, attendent, ou sortent
du fourreau, — protégent ou détruisent à tes ordres. Entouré par ma troupe, Zuléika auprès de moi, les dépouilles des nations deviendront la parure de mon épouse. Les années
languissantes, la mollesse et l'indifférence du harem, peuvent bien être échangées contre
des soucis... des plaisirs comme ceux-là. Je ne suis point aveugle sur ma destinée, partout j'aperçois d'innombrables périls ; mais aussi un seul amour ! ah ! ce tendre cœur me
paiera bien de tous mes travaux, quand même la fortune ne serait plus favorable, ou que
de faux amis me trahiraient. Qu'il est doux encore de rêver que dans l'heure la plus
sombre du danger, quand tout aura changé autour de moi, je te trouverai toujours fidèle ! Que ton âme se montre ferme comme celle de Sélim ; que l'âme de Sélim te soit
chère comme la tienne. Sachons adoucir tous nos maux, partageons tous nos plaisirs,
unissons toutes nos pensées ! mais que rien ne nous sépare. Une fois libre, je guide de
nouveau notre bande. Amis les uns des autres, nous sommes ennemis de tous les autres
hommes. Hélas! nous ne faisons que suivre le penchant qu'une nature fatale a donné à la
race guerroyante des hommes. Regarde ! aux lieux où le carnage a cessé, où l'homme a
terminé sa conquête, il fait une solitude, et il la nomme — la paix ! Comme les autres, je
veux user de mon adresse et de ma force ; mais je ne veux jamais posséder plus de terrain
que n'en pourrait mesurer la longueur de mon cimetière. Le pouvoir ne gouverne que
par la discorde, sa ressource est dans la triste alternative de la ruse et de la force. C'est
cette dernière que nous voulons employer : si la ruse aura peut-être aussi son tour, si jamais
nous consentons à nous emprisonner dans des villes comme dans des cages pour y vivre
en société. Mais, dans le séjour des cités, ton âme elle-même pourrait faillir : combien de
fois la corruption n'a-t-elle pas séduit un cœur que le danger n'avait pu ébranler ! La
femme, encore plus que l'homme, quand l'objet de son amour est frappé par la mort, la
misère, ou même par la disgrâce, la femme, s'égarant dans le sentier des plaisirs, désho-
nore... Ah ! loin de moi le soupçon ! ce ne sera jamais le nom de Zuléika qui sera ainsi
déshonoré. Cependant la vie n'est qu'un hasard, et ici il ne nous reste rien à espérer et
beaucoup à craindre. Oui, à craindre... Je doute, la peur de te voir ravie à Sélim par le
pouvoir d'Osman, ou par la sévère volonté de Giaffir ! Mais cette peur sera dissipée par le
vent favorable que l'amour a promis cette nuit à ma voile. Quel danger peut effrayer les
amants que son sourire a bénis? Leurs pas peuvent errer sans cesse, et leurs cœurs sont
immobiles. Avec toi, tous les travaux me sembleront doux, tous les climats auront des
charmes. Sur la terre... sur l'océan, notre univers est dans nos bras. Ah! que les vents
de la tempête sifflent sur notre tillac, pour que ces bras m'étreignent plus fortement ! Si
ma bouche fait entendre un murmure, ce ne sera pas un soupir pour ma sûreté, mais une
prière pour toi. Le courroux des éléments ne peut épouvanter l'amour autant que l'artifice

des hommes, qui est le plus dangereux des poisons. Voilà les seuls écueils qui puissent retarder notre course. D'un côté nous ne serons menacés qu'un instant, et, de l'autre, il y
a des années de naufrage ; mais loin de nous les sombres pensées qui révèlent ces images
horribles ! ce moment nous donne ou nous ôte à jamais la liberté de fuir.

» Je n'ai que peu de mots à dire pour terminer mon récit ; tu n'en as qu'un seul à prononcer pour mettre un espace immense entre nos ennemis et nous : oui, *ennemis !* la
haine que Giaffir me porte s'éteindra-t-elle ? et Osman, qui voudrait te séparer de Sélim,
n'est-il pas ton ennemi ?

XXI.

» Je revins au temps fixé retrouver mon gardien, pour préserver sa fidélité du soupçon
et sa tête de la mort. Peu de personnes connurent, et personne ne dit, que j'avais ainsi
erré d'île en île. Depuis ce temps, quoique j'abandonne trop rarement la terre qui me
sépare de ma troupe, elle n'a rien fait, elle ne fera rien sans m'en instruire et sans prendre mes ordres. Je forme les plans d'attaque, j'adjuge les dépouilles après la victoire : il
est juste que je partage plus souvent les travaux de mes soldats.

» Mais déjà tu m'as écouté trop longtemps. Le temps presse, ma barque est à flot, et
nous ne laisserons derrière nous que la haine et la crainte. Demain Osman arrive avec sa
suite : cette nuit doit rompre ta chaîne ; et si tu veux sauver ce Bey hautain, et peut-être
aussi la vie de celui qui te donna la tienne, viens, hâte-toi de me suivre, Zuléika, —
partons à l'instant. Mais cependant, quoique m'appartenant par ton serment, si tu veux
révoquer ce don volontaire, effrayée des secrets que tu viens d'apprendre, — je reste ici,
— mais ce ne sera pas pour te voir l'épouse d'Osman : je reste au péril de ma tête. »

XXII.

Zuléika, muette et sans mouvement, était comme la statue de cette mère infortunée
qui fut changée en marbre par la perte de son dernier espoir ; Zuléika n'en différait que
parce qu'elle semblait une Niobé plus jeune. Mais avant que sa bouche essayât de parler,
ou son œil de répondre par un regard, une torche répandit son éclat sous le portique du
jardin... puis une autre... puis une autre encore.

« Fuis ! toi qui n'es plus mon frère... mais bien plus qu'un frère. » — Au loin, partout,
dans toutes les allées du bosquet brille la rouge lueur de ces torches menaçantes ; et il n'y
a pas que des torches... La main droite de ceux qui les portent est armée d'un glaive hors
du fourreau. Ils se divisent, ils poursuivent, ils reviennent, ils tournent avec leur fer
étincelant et le flambeau qui guide leurs recherches. Le dernier de tous, le farouche Giaffir,
agité de fureur, brandit son cimeterre. Déjà il touche presque la grotte. Ah ! cette grotte
doit-elle être le tombeau de Sélim ?

XXIII.

Il demeurait intrépide... « Le moment est venu... bientôt passé... Un baiser, Zuléika...
c'est mon dernier... Cependant ma troupe, qui n'est pas loin du rivage, peut entendre ce
signal et distinguer le feu de mon pistolet ; mais le nombre est contre nous, l'entreprise
est téméraire... n'importe, encore un effort ! »

Il s'élance à l'entrée de la caverne, et l'écho retentit au loin de la décharge de son
pistolet. Zuléika ne tremble pas, ne verse pas une larme, le désespoir a glacé son œil et

10

son cœur. « Ils ne m'entendent pas, ou s'ils abordent, ce sera pour me voir mourir ! Ce bruit a attiré tous mes ennemis... Sors de ton fourreau, maintenant, ô cimeterre de mon père ! tu n'as jamais eu à soutenir un combat plus inégal. Adieu, Zuléika ; ma douce amie, retire-toi : tiens-toi cependant dans la grotte et restes-y en sûreté ; pour toi la fureur de Giaffir se bornera à des reproches. Ne fais aucun mouvement, de peur d'être atteinte par quelque épée ou par quelque balle égarée loin de son but. Crains-tu pour les jours de ton père ? Crains-tu pour Giaffir ?... puissé-je expirer avant de chercher ton père dans le combat : rassure-toi, quoiqu'il ait versé le poison... et quand même il me traiterait encore de lâche ! mais recevrai-je timidement l'acier des autres dans mon sein ?... non, leurs têtes vont sentir mes coups... celle de Giaffir exceptée. »

XXIV.

Il s'élance, et gagne le sable du rivage. Déjà le plus audacieux de la troupe qui le cherche est tombé à ses pieds ; le tronc frémit et la bouche est béante : un autre succombe. Mais Sélim est entouré d'un essaim d'ennemis ; il frappe à droite et à gauche pour se frayer un passage, il va atteindre les vagues : la barque paraît... à la distance de cinq rames tout au plus... ses compagnons font des efforts désespérés... Ah ! arriveront-ils à temps pour sauver leur chef ? Les premiers brisants mouillent ses pieds ; ses soldats plongent dans la baie, et leurs glaives brillent au milieu de l'écume ; bravant l'eau et la fatigue... ils fendent hardiment les flots... ils abordent à la plage... ils arrivent... ce n'est que pour augmenter le carnage : le sang le plus pur de Sélim a déjà rougi l'onde amère.

XXV.

Échappé aux balles et à l'acier des sabres, ou effleuré à peine pour en sentir la pointe ; trahi, entouré, Sélim avait gagné le lieu où les vagues venaient se briser sur le rivage. Là, son dernier pas abandonnait la terre, et sa main frappait un dernier coup mortel. Hélas ! pourquoi se retourna-t-il pour regarder celle que son œil cherchait vainement ! Moment funeste ! triste témoignage d'amour au milieu du péril et de la douleur ! ce regard va décider de sa mort ou renouer ses chaînes : l'espérance abandonne si tard les amants ! Sélim tourne le dos aux vagues bondissantes ; ses compagnons vont combattre derrière lui. Tout à coup une balle siffle, et l'on entend ces terribles paroles : « Ainsi périssent tous les ennemis de Giaffir ! » Quelle voix les a prononcées ? Quel est le guerrier dont la carabine a résonné, dont la balle a sifflé dans les ombres de la nuit, partie de trop près et trop bien dirigée, hélas ! pour s'égarer ? C'est toi, meurtrier d'Abdallah ! ta main prépara longtemps la mort du père, le fils a trouvé une mort plus prompte. Le sang s'échappe en bouillonnant de sa poitrine, et teint la blanche écume des flots. Si ses lèvres essayèrent d'articuler quelques paroles, le bruit des vagues ne permit pas de les entendre.

XXVI.

L'aurore écarte lentement les nuages : il ne reste que peu de trophées du combat. Le silence a succédé aux cris qui avaient frappé la baie dans les ténèbres de la nuit. Cependant la scène du carnage en conserve quelques vestiges, tels que les débris des armes brisées. Le sable porte aussi les empreintes des pas du soldat et celles de plusieurs mains agitées par une dernière convulsion. Un peu plus loin est une torche éteinte et un bateau sans rames ; une capote blanche est jetée sur les algues amoncelées à l'endroit où la mer touche la plage. Elle est déchirée en deux lambeaux, et les vagues n'ont pu effacer une tache de sang qui la souille.

Mais où est celui qui portait ce vêtement? Hélas ! vous qui voulez pleurer sur ses restes, parcourez les mers pour les chercher. Déjà la houle les a entraînés vers les parages de Sigée ou sur les bords de Lemnos. Les oiseaux de mer crient sur la proie que leurs becs affamés diffèrent encore de déchirer, pendant que la tête du cadavre, posée sur son humide coussin, est bercée par le mouvement de la vague. Cette main, dont le mouvement n'est pas celui de la vie, abaissée et soulevée tour à tour, semble exécuter encore le geste d'une faible menace.

Qu'importe que le corps de Sélim soit dans un tombeau vivant ! L'oiseau qui déchire ce front renversé n'a fait qu'enlever une proie aux vers plus vils que lui. Elle n'est plus, celle dont le cœur eût saigné en voyant expirer Sélim, celle qui eût donné des larmes à sa mort, réuni ses membres dispersés, et gémi sur le turban de sa tombe : ce cœur s'est brisé, cet œil est fermé; il l'était même... avant celui de son amant.

XXVII.

Près des vagues d'Hellé s'élève une voix de deuil : l'œil de la femme est humide, le visage de l'homme est pâle ! O Zuléika ! dernier rejeton de la famille de Giaffir ! l'époux qu'on te destinait est arrivé trop tard ; il ne te voit pas, il ne te verra jamais ! ne peut-il entendre les wul-wulleh qui l'avertissent de loin? Les femmes qui pleurent aux portes du harem, les voix qui chantent l'hymne de la mort, les esclaves silencieux qui croisent leurs bras sur la poitrine, les soupirs qui remplissent le palais, les cris qui fatiguent les vents, lui apprennent ton histoire.

Tu ne vis pas tomber ton cher Sélim ; ton cœur se glaça au moment terrible où il s'éloigna de la grotte. Il était ton espoir, ta joie, ton amour ; Sélim était tout pour toi, et cette dernière pensée pour celui que tu ne pouvais sauver suffit pour te donner la mort : tu fis éclater un cri déchirant, et tout fut calme pour toi. Paix à ton cœur brisé, paix à ton tombeau de vierge. Ah ! heureuse pourtant de ne perdre de la vie que ce qu'elle a de pire; cette douleur, quoique terrible, quoique bien amère, était la première que tu avais sentie. O trois fois heureuse de ne sentir ni craindre jamais les tourments de l'absence, de la honte, de l'orgueil, de la haine, de la vengeance, du remords, et ceux de cette angoisse qui est plus que de la démence, ce vers rongeur qui ne meurt jamais et ne connaît point le sommeil; cette pensée qui rend les jours sombres et les nuits horribles, qui craint les ténèbres, qui abhorre la lumière, et qui s'insinue dans le cœur palpitant pour le déchirer ! Ah ! pourquoi pas pour le consumer — et fuir ?

Malheur à toi, pacha implacable et imprudent ! c'est en vain que tu couvres ta tête de cendres, c'est en vain que tu te revêts d'un vêtement de deuil; la même main qui fit périr Abdallah a tué Sélim : maintenant arrache ta barbe, en signe de douleur. L'orgueil de ton cœur, la compagne que tu destinais à Osman, cette fille que ton sultan n'auroit pu voir sans la désirer pour épouse, ta fille est morte.... Espoir de ta vieillesse, seul rayon de ta vie du soir, une étoile brillait sur les rives de l'Hellespont : qui a éteint sa lumière? C'est le sang que tu as fait couler. Écoute, Giaffir, écoute : à la question précipitée que ton désespoir adresse à l'écho : où est ma fille — Où est ma fille? répond l'écho.

XXVIII.

Dans l'enceinte où brillent mille tombeaux et où le mélancolique, mais vivant cyprès étend son ombre et ne se fane jamais, quoique ses rameaux et ses feuilles portent l'empreinte d'une éternelle douleur, comme un premier amour qui n'est point payé de retour; dans ce bosquet lugubre des morts, il est un lieu qui est toujours vert et fleuri : une rose solitaire l'orne de son éclat doux et pâle; on la croirait plantée là par le désespoir; si blanche, si languissante, qu'il semble que le vent le plus léger pourrait disperser ses feuilles dans l'air. Et cependant c'est en vain que les orages et la pluie l'assaillent, en vain des mains plus rudes qu'un ciel d'hiver l'arracheraient à sa tige, le lendemain la voit refleurir : quelque génie la relève doucement et l'arrose de larmes célestes. Elles peuvent croire, les filles d'Hellé, que ce ne peut être une fleur terrestre, celle qui brave le souffle flétrissant de la tempête, et qui épanouit ses boutons sans l'abri d'un berceau. Elle ne languit pas, quoique le printemps lui refuse ses rosées, et n'appelle pas les rayons de l'été. Un oiseau inconnu, mais peu éloigné, lui chante pendant toute la nuit; ses ailes aériennes sont invisibles; mais ses accents ravissants et prolongés sont aussi doux que les harpes que les houris font vibrer : ce serait le Bulbul; mais, quoique triste, sa voix n'a pas de chants si tendres; car tous ceux qui l'entendent ne peuvent plus s'éloigner, mais s'arrêtent et pleurent comme s'ils aimaient en vain. Cependant les pleurs qu'ils versent sont si doux, leur douleur est si peu mêlée de crainte et d'amertume, qu'ils reprochent au matin de venir rompre trop tôt ce charme mélancolique. Ils voudraient veiller et pleurer encore, tant cet oiseau chante avec douceur! mais quand le jour paraît soudain, cette mélodie magique expire. Il en est qui ont été jusqu'à croire (tant les tendres rêves de la jeunesse nous abusent, mais il faudrait être bien sévère pour les blâmer) que ces échos si perçants, si profonds, formaient et prononçaient le nom de Zuléika. C'est de la cime de son cyprès que part ce nom qui se perd dans l'air. C'est dans la poussière virginale de sa tombe que la rose blanche a les racines de sa tige. Un marbre avait été posé sur cette place : le soir le vit poser, le matin ne le retrouva plus !

Ce ne fut pas une main mortelle qui transporta sur le rivage ce pilier funéraire fixé profondément : la légende d'Hellé dit qu'on le trouva à l'endroit où Sélim était tombé, battu par les flots de cette mer qui avait roulé son corps privé d'une sépulture sainte. On dit qu'on y voit, à la nuit, une tête livide couverte d'un turban, et le marbre sépulcral renversé au bord de la mer s'appelle l'*oreiller du fantôme du pirate*. C'est dans le lieu où il était d'abord que fleurit cette rose, symbole du deuil et de la douleur; elle y fleurit encore solitaire, couverte de rosée, froide, triste et pâle comme les joues de la beauté qui verse des larmes en écoutant un récit de douleur.

LE CORSAIRE.

CHANT PREMIER.

. . . . Nessun maggior dolore.
Che ricordarsi del tempo felice
Nella miseria ...
DANTE.

I.

— « Sur les ondes riantes de la mer d'azur, où nos pensées sont sans limites et nos âmes libres comme elles, aussi loin que peuvent nous porter la brise et les vagues écumeuses, contemplez notre empire et voyez notre patrie, ce sont là nos états, et aucune borne ne leur est imposée... Notre pavillon est un sceptre obéi par tous ceux qui l'aperçoivent. Le mouvement, le tumulte, font le charme sauvage de notre vie; nous passons de la fatigue au repos et du repos à la fatigue, toujours avec la même gaieté. Ah! qui pourrait décrire?... Ce n'est pas toi, esclave de la mollesse, que la vague soulevée ferait défaillir; ce n'est pas toi, enfant orgueilleux de l'indolence et du luxe, que le sommeil ne délasse point, et pour qui le plaisir n'a plus de charmes! Non, ce n'est qu'à l'homme dont le cœur a palpité de joie sur les flots bondissants qu'il appartient de décrire les ravissements et les transports qui agitent ceux qui errent sur ces immenses plaines sans sentiers. Qu'ils disent comment nous aimons le combat pour le combat lui-même, comment nous trouvons nos plaisirs dans ce que d'autres appellent des dangers; avec quelle ardeur nous cherchons ce qu'évite le lâche; et comment, là où les âmes timides tremblent, nous sentons avec une nouvelle énergie, lorsque l'espérance, réveillée au fond de nos cœurs, double notre courage.

» Aucune peur de la mort... si nos ennemis périssent avec nous. La mort ne nous paraît guère plus triste que l'ennuyeux repos! qu'elle vienne quand elle voudra, nous nous hâtons de jouir de la vie : si nous devons la perdre, qu'importe que ce soit par les maladies ou dans les combats? Que celui qui se survit à lui-même, amoureux de ses propres ruines, s'attache à sa couche pendant de longues années d'infirmités, et arrache péniblement son souffle de son sein, en branlant sa tête paralytique; pour nous, le vert gazon est préférable au lit de la fièvre. Pendant que le vieillard laisse échapper son âme de soupir en soupir, la nôtre nous quitte sans effort à la première atteinte. Que sa cendre s'enorgueillisse de son urne et de son étroit monument! que ceux qui maudissaient sa vie aillent orner sa tombe. Peu de larmes coulent pour nous, mais elles sont sincères : quand l'Océan nous ensevelit dans ses flots, un banquet sert à l'expression des regrets de nos compagnons; la coupe s'emplit en notre honneur. Une courte épitaphe n'est pas oubliée au jour du danger, lorsque ceux qui survivent pour vaincre se partagent les dépouilles et s'écrient, avec un tendre souvenir peint sur leurs fronts affligés : — Ah! que ce moment eût été beau pour les braves qui ne sont plus! »

II.

Tels étaient les accents qui se faisaient entendre dans l'île du Pirate , autour du feu de la garde ; tels étaient les sons qui retentissaient le long du rivage , et qui semblaient des chants à des oreilles aussi sauvages que les échos des rochers.

Les corsaires forment des groupes sur le sable doré ; ils jouent, ils boivent, parlent entre eux, ou aiguisent le fer meurtrier ; ils choisissent les armes , donnent à chacun son épée ; et voient sans émotion le sang qui la ternit : ici, on répare les chaloupes , on replace les mâts et les avirons ; plus loin , ceux-ci errent en rêvant sur la plage ; ceux-là s'occupent à tendre des piéges aux oiseaux , ou à sécher au soleil des filets humides ; et, si quelque point éloigné leur semble une voile, ils le contemplent avec une avidité inquiète ; d'autres se racontent les travaux d'une nuit de dangers , et se demandent quand ils pourront encore se partager une prise : où la trouveront-ils ? peu leur importe , c'est l'affaire de leur chef ; la leur, c'est de ne jamais douter du succès de ses desseins. Mais quel est ce chef ? son nom est fameux et redouté partout, ils n'en demandent pas davantage.

Il ne se mêle avec eux que pour les commander ; ses paroles sont rares, mais son œil est perçant et sa main est prompte ; il n'apporte point sa part de gaieté dans leurs joyeux festins, mais on lui pardonne son silence en faveur de ses succès. On ne verse jamais pour lui le nectar couleur de pourpre , la coupe n'approche jamais de ses lèvres , et quant à ses mets, les hommes les plus durs de sa troupe voudraient aussi les lui voir rejeter : le pain le plus noir, les herbes les plus simples, quelquefois le luxe des fruits de l'été, composent tous ses repas, non moins sobres que ceux d'un ermite. Mais tandis qu'il se prive des jouissances grossières des sens , son esprit semble se nourrir par l'abstinence.

« — Qu'on vogue vers ce rivage... » On y vogue... « Qu'on se prépare au combat... » On est prêt... « Qu'on me suive... » La victoire est à lui ! .. Tels sont ses brefs commandements ; telle est sa promptitude : tous obéissent ; il en est peu qui demandent pourquoi : et ceux-ci... une courte réponse , ou un regard de mépris ou de colère ; et puis le silence , voilà tout ce qu'ils obtiennent.

III.

« Une voile! une voile? » les pirates espèrent déjà que c'est une prise ! « Quelle nation? quel pavillon? que dit le télescope? Ce n'est point une prise; ah! du moins c'est une voile amie : le pavillon rouge se déroule au souffle de la brise. Que ce souffle lui soit propice ! — Oui, c'est un de nos navires qui revient au port. — Qu'il rentre avant la nuit. Déjà le cap est doublé ; la baie reçoit la proue qui fend avec fierté l'onde écumeuse. Comme il s'avance avec grâce et majesté ! toutes les voiles sont déployées : ah ! jamais elles ne lui serviront à fuir l'ennemi ! Il parcourt le liquide élément comme un être doué de la vie, et semble défier les flots. Qui n'affronterait le canon et le naufrage pour se voir le roi de ce navire peuplé ! »

IV.

Les voiles sont ployées ; le câble glisse avec bruit sur les flancs du vaisseau que la chute de l'ancre fait balancer : il est au mouillage. Les groupes des oisifs de l'île aperçoivent le canot qu'on descend des ouvertures de la proue : il est équipé, les rames se meuvent de concert, et bientôt sa quille creuse le sable frémissant. Les clameurs de la joie accueillent les matelots : on se parle avec amitié, on se serre la main, on se sourit, on s'interroge, on se répond en quelques mots ; c'est une fête que tous les cœurs se promettent.

v.

La nouvelle se répand ; la foule augmente ; le son de la voix se mêle au rire de la gaieté ; les accents plus doux de la femme expriment l'inquiétude, les noms d'amis, d'époux, d'amants, sont dans toutes les bouches.

« Sont-ils encore en vie ? nous ne demandons pas s'ils ont vaincu ; mais les verrons-nous, les entendrons-nous ? Ah ! sans doute, dans la lutte contre les flots, — dans la mêlée du combat, — ils se sont conduits en braves ! Mais qui sont ceux qui vivent encore ? Qu'ils s'empressent de venir jouir de notre surprise et de notre bonheur ; que leurs baisers viennent éteindre le doute dans nos regards charmés. »

VI.

— « Où est notre chef ? Nous lui portons un message, — et nous craignons que la joie qui nous accueil e soit de courte durée ; mais encore est-elle bien douce pour nous, — puisqu'elle est sincère. Allons ! Juan, conduis-nous sur-le-champ à notre chef. Nos devoirs étant remplis, nous viendrons nous réjouir avec vous ; et chacun apprendra ce qu'il désire. »

Ils suivent un sentier creusé dans la montagne jusqu'à la tour d'observation qui domine la baie.

Là croît l'arbuste épineux et fleurit la plante sauvage ; des sources argentées répandent la fraîcheur, et le murmure des ruisseaux, qui s'échappent en pétillant de leurs prisons de granit, semble inviter la soif. Quel est, auprès de cette grotte, cet homme solitaire dont les regards sont tournés vers la mer ? il est penché d'un air rêveur sur la poignée de son cimeterre, qui n'est pas souvent un simple appui pour cette sanglante main. C'est lui, c'est Conrad : c'est là qu'il aime à être seul. « Va, Juan, va nous annoncer. Il regarde le vaisseau : apprends-lui que nous sommes chargés de nouvelles pressantes ; nous n'osons pas approcher encore ; tu connais son humeur, lorsqu'on vient le surprendre sans son ordre. »

VII.

Juan l'aborde et le prévient. Conrad ne profère pas un seul mot, mais un geste a exprimé sa volonté. Juan appelle ses camarades : Conrad répond par une légère inclination à leur salut ; mais sa bouche est muette. « Ces lettres, disent-ils, sont de l'espion grec qui nous avertit toutes les fois qu'un danger nous menace ou qu'une prise nous attend. Quelles que soient ces nouvelles, nous pouvons bien dire que... » Silence ! silence ! Conrad leur fait signe de se taire : ils reculent étonnés, confondus, se font part tout bas de leurs conjectures, et épient d'un œil clandestin les regards du chef, pour voir l'impression qu'il recevra des missives ; mais, comme s'il eût deviné leur pensée, il a détourné la tête pour lire ; soit par fierté, soit pour leur dérober son émotion, au besoin.

« Mes tablettes, Juan... Écoute : où est Gonsalvo ? — Dans le navire, au mouillage. — Qu'il y reste ; porte-lui ces ordres... Et vous, retournez à vos postes ; préparez-vous à partir avec moi ; c'est moi qui vous commande cette nuit. — Cette nuit, seigneur Conrad ? — Oui, au coucher du soleil ; la brise soufflera avant la fin du jour. Juan, mon armure ;

mon manteau... une heure, et nous serons en mer. Attache ton cor ; que ma carabine, dépouillée de sa rouille, ne trompe pas mon attente. Aiguise la lame de mon cimeterre ; que la garde se prête mieux au volume de ma main ; que l'armurier s'en charge et se hâte. Dans le dernier combat, cette arme a plus fatigué mon bras que l'ennemi.

« Surtout, que le canon fasse entendre exactement le signal qui doit nous avertir que l'heure qui nous reste est expirée. »

VIII.

Ils s'inclinent et se retirent sans délai, pour aller déjà braver de nouveau les dangers de la mer ; mais point de murmures ; Conrad commande ! qui oserait hésiter ? Cet homme qui s'entoure de la solitude et du mystère, qu'on voit à peine sourire, et rarement soupirer ; cet homme, dont le nom intimide les plus terribles de sa troupe et fait pâlir leurs fronts basanés, sait gouverner leurs âmes avec cet art de la supériorité qui éblouit, dirige et fait trembler le vulgaire.

Quel est ce charme que sa troupe sans lois reconnaît, envie, et n'ose contredire ? Qui peut enchaîner ainsi la confiance des siens ? C'est le pouvoir de la pensée, la magie de l'âme : pouvoir conquis d'abord par le succès, et que conservent la ruse et l'adresse. C'est ce pouvoir qui façonne à son gré l'esprit des faibles, se sert, sans qu'ils s'en doutent, de leurs propres mains comme de ses instruments, et s'approprie leurs plus beaux exploits.

C'est ainsi que la multitude a travaillé et travaillera toujours pour un seul ; c'est l'arrêt de la nature. Mais que le malheureux qui obéit se garde de maudire et de haïr celui qui jouit de ses dépouilles. Ah ! s'il connaissait le poids des chaînes dorées, combien ses peines obscures, mises dans la balance, lui paraîtraient légères !

IX.

Différent des héros des races antiques, vrais démons par leurs actes, mais semblables du moins aux dieux par leur visage, Conrad n'avait rien qu'on pût admirer dans ses traits, quoique son noir sourcil protégeât un œil de feu ; robuste, sa force n'était pas comparable à celle d'Hercule, et il y avait loin de sa taille commune à la stature d'un géant ; mais, sur le tout, celui qui le regardait plus attentivement distinguait en lui ce quelque chose qui échappe aux regards de la foule, ce quelque chose qui fait regarder encore, et excite la surprise sans qu'on puisse s'expliquer pourquoi. Le soleil avait bruni ses joues ; son front large et pâle était ombragé par les boucles nombreuses de ses noirs cheveux. Le mouvement de ses lèvres révélait des pensées d'orgueil qu'il avait peine à contenir ; quoique sa voix fût douce et son maintien calme, on croyait y voir quelque chose qu'il eût voulu en retrancher. Le froncement de ses sourcils, les couleurs changeantes de son visage, causaient un indéfinissable embarras à ceux qui l'approchaient, comme si cette âme sombre renfermait quelque terreur et des sentiments inexplicables ; mais qui eût pu vérifier ce soupçon ? son sévère coup d'œil eût bientôt troublé celui qui eût voulu l'examiner de trop près. Il se fût trouvé peu d'hommes capables de soutenir la fixité de cet œil pénétrant. Lorsque le regard de la curiosité épiait les mouvements de sa physionomie pour étudier son âme, il comprenait aussitôt l'intention de celui qui l'observait, et il le forçait à se tenir lui-même sur ses gardes, de peur de trahir plutôt ses propres pensées que de découvrir celles de Conrad.

Il y avait dans son dédain le sourire d'un démon qui suscitait à la fois des émotions de rage et de crainte ; et, là où s'adressait le geste farouche de sa colère, l'espérance s'évanouissait, et la pitié fuyait en soupirant.

X.

. . . .

XI.

La nature n'avait pas destiné Conrad à commander des criminels, — les pires instruments du crime. Son âme fut changée avant que ses actions l'eussent poussé à faire la guerre à l'homme, et à renier le ciel. Le monde l'avait trompé : il s'y était montré trop sage dans ses discours, mais insensé dans sa conduite ; trop ferme pour céder, trop fier pour s'arrêter, ses vertus avaient servi à le rendre dupe : il maudit ces vertus comme la cause de ses maux, plutôt que les perfides qui ne cessaient de le trahir. Il ne songea pas qu'il existait des hommes plus dignes de ses dons, et qui pouvaient lui faire goûter le bonheur ! Craint, repoussé, calomnié, avant que sa jeunesse eût perdu sa force, il détesta trop l'homme pour connaître le remords, et crut que les conseils de son ressentiment étaient une inspiration secrète de se venger sur tous des injures de quelques-uns. Il se sentait coupable ; mais les autres n'étaient pas meilleurs selon lui ; et il détestait tous ceux qui le paraissaient, comme des hypocrites qui commettaient dans l'ombre ces mêmes actes qu'un esprit audacieux ne craignait pas d'avouer. Il n'ignorait pas qu'il était odieux ; mais aussi ceux qui ne l'aimaient pas tremblaient et le redoutaient du moins. Solitaire, farouche et bizarre, si son nom répandait l'effroi, si ses actions étonnaient, ceux qui le craignaient n'osaient le mépriser.

L'homme foule aux pieds le faible vermisseau ; mais il hésite avant de réveiller le serpent venimeux. Le premier relève sa tête, mais il ne peut se venger. L'autre meurt, — mais auparavant il a tué son ennemi. On peut l'écraser, mais non le vaincre ; — il s'attache à celui qui l'a frappé pour son malheur ; — il a encore son dard.

XII.

Il n'est point d'homme complètement méchant. Dans le cœur de Conrad régnait encore un sentiment vif qu'il n'avait pu en arracher. La faiblesse de ceux qui se laissent séduire par une passion digne de l'enfance et de la folie avait excité plusieurs fois le sourire de sa pitié ; et cette passion ce fut en vain qu'il la combattit ; chez Conrad lui-même, elle devait porter le nom d'amour. Oui, c'était l'amour, un amour constant, pur et sans partage. Tous les jours de belles captives s'offraient à ses regards : sans les chercher comme sans les fuir, il ne leur témoignait qu'indifférence. Plusieurs femmes pleuraient leur liberté dans les bosquets de son île ; aucune n'avait pu lui surprendre un moment de faiblesse. Oui, c'était l'amour, si ce nom est dû à une tendresse éprouvée par les tentations, à un sentiment à qui le malheur avait donné de nouvelles forces, et que l'absence et le temps n'avaient pu lasser ni ébranler. Ses espérances déçues, ses projets renversés, ne pouvaient l'attrister quand il voyait le sourire de celle qu'il aimait. Devant elle s'apaisait la tempête de sa colère, et la douleur n'eût pu lui arracher une plainte. Il savait l'aborder avec l'air de la joie et la quitter avec calme, de peur que ses chagrins n'allassent se faire sentir à son cœur. Rien n'eût pu altérer cette tendresse, ni menacer de la troubler.

12

Si c'est là de l'amour pour les mortels, Conrad aimait. Il était criminel, il méritait tous les reproches; mais l'amour était pur chez lui et survivait à toutes ses vertus : aimable sentiment, que le crime lui-même n'avait pu éteindre!

XIII.

Conrad s'arrêta un moment, jusqu'à ce que ses soldats eussent passé le premier détour du sentier qui descendait au vallon.

« Étranges nouvelles! — s'écria-t-il; — moi qui ai couru tant de dangers, je ne sais pourquoi celui-ci me semble le dernier. Mais ce pressentiment ne peut m'inspirer la crainte, et mes compagnons me trouveront encore digne de moi. S'il est imprudent d'aller au-devant de la mort, ne l'est-il pas encore plus d'attendre qu'on vienne nous la porter? Ah! si la fortune sourit à mes desseins, nous aurons des pleurs à nos funérailles. Oui, que nos ennemis se livrent au sommeil, que leurs rêves soient paisibles; jamais le matin ne les aura réveillés avec des feux aussi brillants que ceux que je prépare pour cette nuit à ces superbes vengeurs des mers. Que le vent daigne seulement m'être propice!... Allons embrasser Médora... Quel poids je sens sur mon cœur! Ah! puisse le sien ne pas en être accablé de longtemps! Je fus brave!... Vain orgueil que celui d'une bravoure dont tous les êtres peuvent se parer! L'insecte lui-même ose montrer son aiguillon pour défendre sa proie. Ce courage dont les plus vils animaux sont doués comme nous, et qui doit ses plus terribles efforts au désespoir, peut bien mériter des éloges; mais j'ai osé prétendre à la gloire plus noble d'apprendre à quelques braves comment on se mesure avec de nombreux ennemis. Je les ai guidés longtemps dans les combats où le sang n'était jamais versé inutilement. Aujourd'hui, point de milieu!... périr ou vaincre!... — N'importe. Ce n'est pas la mort qui m'inquiète, c'est de conduire mes compagnons dans des lieux d'où la fuite sera impossible.

» Jusqu'ici mon sort m'a bien rarement occupé; mais cette embûche humilie mon orgueil. Que feront mon adresse et mes ruses? Faut-il risquer d'un seul coup le pouvoir et la vie? Ah! destinée cruelle!... Hélas! accuse ta folie et non la destinée; elle peut te sauver encore, et ce n'est jamais trop tard. »

XIV.

C'est ainsi que Conrad s'entretenait avec lui-même, jusqu'à ce qu'il eût atteint le sommet de la montagne où s'élevait sa tour. Il s'arrête près du portail, frappé du son chéri de cette voix qu'il ne pouvait se lasser d'écouter. A travers le treillis du balcon, il entend les chants mélodieux de sa bien-aimée.

« Mon tendre secret demeure profondément caché dans mon âme solitaire, excepté quand mon cœur palpite pour répondre aux battements du tien; mais bientôt il tremble seul en silence.

» Ma flamme est comme la faible lumière d'une lampe sépulcrale, éternelle, mais invisible. La froide obscurité du désespoir ne l'éteindra pas, quoique ses rayons soient aussi vains que s'ils n'avaient jamais existé.

» Souviens-toi de moi; ne passe pas auprès de mon tombeau sans donner une pensée à celle dont il contient les cendres. Le seul tourment que mon cœur ne pourrait braver, ce serait d'être oublié du tien.

» Écoute les derniers accents de ma voix mourante. La vertu ne défend pas de plaindre les morts. Accorde-moi la seule grâce que je t'aie jamais demandée : une larme, la première et la dernière récompense de tant d'amour. »

Conrad franchit le portail, il traverse le corridor et entre dans l'appartement au moment où la voix cesse de chanter.

« Ma Médora, dit-il, ta romance est bien mélancolique !... » — « Quand Conrad est absent, veux-tu que j'en choisisse de plus gaies? Quand tu n'es pas là pour m'entendre, mes chants doivent trahir les pensées de mon âme. Chacun de mes accents doit être en harmonie avec elle; mon cœur parlerait si ma bouche était muette. Combien de nuits j'ai gémi sur cette couche solitaire! mes craintes donnaient aux vents les ailes de la tempête; lorsqu'ils enflaient à peine tes voiles, je croyais entendre le prélude du souffle plus terrible de l'aquilon, et la brise me semblait le son lugubre d'une voix qui pleurait mon amant, devenu le jouet de la vague cruelle. Soudain je me levais en sursaut pour aller entretenir les feux du fanal, de peur qu'une main moins fidèle laissât mourir cette clarté, amie des matelots. — Combien d'heures j'ai passées à contempler d'un œil inquiet les astres du ciel ! L'aurore brillait enfin, et tu étais encore loin. Comme la bise glaçait alors mon cœur ! comme le matin était triste à mes yeux troublés, qui ne cessaient de se tourner vers la mer ! Aucun navire ne paraissait, malgré mes larmes et les vœux de mon amour ; le soleil avait fourni la moitié de sa course, je saluais un mât aperçu de loin au milieu des flots; il s'approchait et disparaissait, hélas!... un autre lui succédait : c'était enfin le tien. Quand cesseront des jours si pénibles? Quand consentiras-tu, mon cher Conrad, à connaître auprès de moi le bonheur de la paix ? N'as-tu pas plus de trésors qu'il n'en faut ? Que d'asiles aussi agréables que celui-ci, où tu pourrais enfin renoncer à la vie errante ! Tu sais que ce n'est point le danger que je redoute : je ne tremble que quand tu n'es plus avec moi, et ce n'est pas pour ma vie, mais pour la tienne cent fois plus chère! Pourquoi fuir l'amour et ne soupirer que pour les combats? Qui peut forcer un cœur si tendre à contrarier la nature et ses plus doux penchants?

» — Je l'avoue, mon cœur est bien changé depuis longtemps! Foulé aux pieds comme le ver timide, il s'est vengé comme le serpent. Sa seule espérance sur la terre, c'est ton amour. Aucune lueur de pardon ne brille au ciel pour lui ! mais ces sentiments que tu condamnes, ma haine pour l'homme et mon amour pour toi sont tellement inséparables, que je cesse de t'aimer si je cesse de haïr. Médora, bannis toute crainte ; le passé est pour toi le garant de la durée de mon amour. Allons, encore un effort sur ton cœur; dans une heure je te quitte, mais ce n'est pas pour longtemps.

» — Dans une heure ! mon cœur l'avait pressenti. C'est ainsi que s'évanouissent mes plus beaux rêves de bonheur. Dans une heure ! mais non, cela ne peut pas être ainsi. Un de tes navires vient à peine de mouiller dans la baie, l'autre est encore absent ; l'équipage a besoin de repos avant de se remettre en mer : mon ami, tu t'amuses de ma faiblesse, tu voudrais par cette feinte éprouver mon cœur contre une séparation véritable ; cesse de te faire un jeu de ma douleur ; ce badinage a trop d'amertume : n'en parlons plus. Mon bien-aimé, viens partager le repas que mes mains ont préparé : peine légère, que d'être chargée du soin de ton repas frugal ! Vois comme j'ai cueilli les fruits qui m'ont paru les plus exquis, et quand j'étais indécise dans le choix, riant de mon incertitude, ce sont les plus beaux que j'ai crus les meilleurs : j'ai parcouru trois fois le coteau pour trouver la source la plus fraîche. Oui, ton sorbet va ce soir couler plus doux que jamais. Vois comme il pétille dans ce vase d'albâtre. Le jus piquant de la treille ne réjouit jamais ton cœur; tu repousses la coupe avec plus d'horreur qu'un musulman. Je ne t'en fais aucun reproche; j'aime à te voir préférer ce que les autres appellent des privations. Mais viens, la table est prête; notre lampe d'argent ne risquera rien du sirocco humide; les femmes qui me servent formeront avec moi des danses, ou feront entendre le concert de leurs voix. Tu aimes les sons de ma guitare : j'en tirerai des accords qui te charmeront; ou bien, si tu veux, nous lirons dans l'Arioste les amours et les malheurs d'Olympie. Tu serais plus coupable que l'infidèle qui trahit cette malheureuse princesse, si tu m'abandonnais en ce moment... plus coupable même que ce perfide qui... Je t'ai vu sourire quand le ciel sans nuage nous découvrait l'île d'Ariane... que de fois je me suis plu à la considérer du haut de nos rochers; et je me disais en souriant, malgré mes craintes pour l'avenir : C'est ainsi que Conrad me délaissera et ne reviendra plus. Il me trompait... en revenant encore.

» — C'est ainsi, ma tendre amie, que Conrad reviendra toujours : oui, toujours, tant qu'il lui restera un souffle de vie et l'espérance. Mais l'heure du départ approche rapidement; ne me demande pas pourquoi je pars, ni où je vais; qu'importe? puisqu'il faudra finir par le triste mot, Adieu! Ah! si le temps me le permettait, je me plairais à te dire tout... Ne crains rien, nos ennemis sont peu redoutables; une garde plus nombreuse veillera dans notre île, prévenue contre les surprises, et en état de soutenir un long siège. Tu ne demeures pas seule, si ton ami s'éloigne, il te laisse entourée de compagnes; et d'ailleurs, pense que nous nous reverrons bientôt; je vais conquérir la sécurité qui doit rendre notre repos plus doux... J'entends le son du cor de Juan. — Donne-moi un baiser, — un autre, un autre encore. — Oh! adieu! »

Médora se lève, et, s'élançant dans les bras de Conrad, cache son visage sur son sein; le cœur de son amant est accablé... elle n'ose lever ses beaux yeux, qui, dans leur douleur, ne peuvent verser aucune larme; ses longs cheveux flottent en désordre; Conrad sent à peine battre ce cœur si rempli de lui, que l'excès de l'amour rend comme insensible. Mais le canon qui tonne annonce la fin du jour qu'il maudit; il embrasse avec fureur sa bien-aimée, dont les caresses muettes implorent sa pitié; il va la déposer en tremblant sur sa couche, la contemple un moment, comme pour la dernière fois; éprouve qu'elle seule l'attache à la terre, baise son front glacé, se détourne... — Conrad est-il parti?

XV.

« Est-il parti? » s'écrie Médora. Que ces mots cruels troubleront souvent sa solitude! « Il n'y a qu'un instant qu'il était là, et déjà... » Elle s'élance sur le seuil de la porte de la tour; et enfin ses larmes purent couler : jamais elle n'en avait versé avec tant d'abondance et d'amertume; mais ses lèvres refusent encore de prononcer Adieu; car, dans ce mot fatal, nous avons beau vouloir exprimer l'espérance, il ne respire que le désespoir.

Déjà la douleur a gravé sur le front de la pâle Médora ces traits que le temps ne peut effacer; ces yeux d'azur, ces yeux si tendres, que l'amour animait naguère, ont perdu tout leur feu en cherchant celui qu'ils n'espèrent plus revoir. Mais n'est-ce pas Conrad qu'ils aperçoivent encore? Hélas! c'est bien lui; mais qu'il est déjà loin! Ces beaux yeux sont noyés dans un torrent de larmes dont la source se renouvelle souvent. « Il est parti! » Médora désolée croise les mains sur son cœur, puis les élève en suppliant vers le ciel; elle regarde les vagues et les voiles blanches du vaisseau, qui se déploient dans les airs; elle n'ose plus regarder et se retourne du côté de la porte, accablée de douleur : « Ce n'est point un songe, je suis seule avec ma douleur! »

XVI.

De rocher en rocher l'inflexible Conrad hâte ses pas vers le bord de la mer, sans tourner la tête, mais tremblant chaque fois qu'un détour du sentier offre à ses regards les objets qu'il fuit, cette tour solitaire, assise sur le sommet de la montagne, qui frappe la première sa vue quand il rentre au port!... et cette amie, astre qu'obscurcit un nuage de tristesse et qu'il aimait à reconnaître de loin; il lui faut oublier qu'il peut encore trouver le bonheur auprès d'elle, mais toujours à la veille de tout perdre. Un moment cependant il s'arrête, indécis s'il n'abandonnera pas ses projets aux vagues et son destin à la fortune. Non, non, un chef valeureux s'attendrit, mais ne cède jamais aux pleurs d'une femme. Il regarde son vaisseau, remarque combien le vent est propice, rappelle toute la force de son âme, et poursuit sa marche. Bientôt ses oreilles sont frappées du tumulte et des cris confus de l'équipage, du bruit des rames et des signaux; il distingue le mousse au haut du mât, l'ancre qu'on enlève, les voiles qui se déploient et les mouchoirs balancés de ceux qui envoient du rivage cet adieu muet à leurs amis; mais surtout il reconnaît son pavillon rouge qui flotte dans les airs, et il s'étonne que son cœur ait éprouvé tant de faiblesse; ses yeux étincellent, et à son sang qui bouillonne il reconnaît qu'il est redevenu lui-même. Il franchit d'un pas rapide la distance qui lui reste à parcourir de la montagne à la plage; là, il s'arrête pour respirer la fraîcheur de la brise, ou plutôt pour reprendre sa dignité accoutumée, de peur que la précipitation ne le fasse paraître troublé aux yeux du vulgaire... Conrad avait appris à gouverner par ces artifices qui sont souvent le voile et la sauvegarde des grands. Sa démarche était fière, et son maintien, qui semblait éviter les yeux, ne manquait jamais d'inspirer le respect; la gravité de son front et la fierté de son regard repoussaient la familiarité indiscrète, sans manquer de courtoisie. C'est par là qu'il savait se faire obéir.

Voulait-il se concilier l'amitié de quelqu'un, sa douceur dissipait la crainte de celui qui l'écoutait, et les dons d'un autre n'étaient rien au prix d'une de ses paroles, qui s'insinuait dans le cœur avec l'accent de la bonté. Mais ce moyen s'accordait peu avec son humeur sauvage; il aimait mieux dominer par la force que par la persuasion; les passions malheureuses de sa jeunesse lui avaient fait préférer l'obéissance à l'affection.

XVII.

Sa garde se range en ordre à ses côtés; Juan est debout devant lui : « Tout le monde est-il prêt?... — Nos camarades sont tous embarqués; la dernière chaloupe n'attend plus que notre chef... — Mon épée et mon manteau! » — A peine a-t-il parlé, que déjà son manteau est sur ses épaules et son épée pend à sa ceinture : « Qu'on appelle Pedro... — Le voilà! » — Conrad le salue avec la courtoisie qu'il accorde à ses amis : « Reçois ces tablettes, lui dit-il, elles contiennent des instructions importantes... Faites doubler la garde, et quand Anselme arrivera sur l'autre vaisseau, qu'il prenne aussi connaissance de mes ordres. Dans trois jours, si le vent nous sert, le soleil éclairera notre retour : jusque-là tu peux rester en paix. » — Il dit, serre la main à son compagnon, et s'avance fièrement vers la chaloupe. Les rames fatiguent les vagues, qui répandent à l'entour une lueur phosphorescente. On aborde le vaisseau; Conrad est sur le pont; le son aigu du sifflet se fait entendre, des mains exercées exécutent promptement les manœuvres; il admire l'agilité docile de son navire, ainsi que la bonne tenue de ses gens, et daigne leur en marquer son approbation;

il tourne vers le jeune Gonzalvo des yeux satisfaits. Mais pourquoi s'arrête-t-il soudain et semble-t-il rongé d'un chagrin intérieur? Hélas! ses yeux avaient rencontré sa tour sur le rocher, et la pensée des adieux s'était un instant réveillée dans son âme. Peut-être en ce moment Médora contemple-t-elle le vaisseau? Ah! jamais Conrad n'avait tant aimé!

Mais il lui reste beaucoup à faire avant le jour; il rappelle toutefois son courage, détourne la vue, et descend avec Gonzalvo pour lui communiquer ses plans. Une lampe leur prête sa clarté; devant eux est une carte marine avec tous les instruments nécessaires à la navigation. Leur entretien se prolonge jusqu'à minuit. Quel est l'homme qui s'aperçoit de la fuite des heures, quand l'inquiétude agite son âme?

Cependant, poussé par le vent propice, le navire fend les flots avec la rapidité du faucon. Il double les îles groupées dans la mer, et il arrive près du port avant le jour. C'est là que les corsaires découvrent la baie étroite où se tient la flotte du Pacha. Ils comptent ses galères, et remarquent la négligence avec laquelle les Turcs imprudents font la garde de la nuit. Conrad passe sans être aperçu, et va jeter l'ancre dans le lieu où il a résolu de se tenir en embuscade. Un énorme rocher, qui s'avance au loin dans la mer, est pour lui un abri derrière lequel il ne peut être vu. Il n'a pas besoin de réveiller sa troupe, toujours prête à braver les hasards sur la terre comme sur les flots; lui-même cependant il traverse la mer en s'entretenant avec calme, et c'est du sang qui va se répandre qu'il parle à ses compagnons.

CHANT DEUXIÈME.

Conosce de i dubiosi desiri?
DANTE.

I.

De nombreuses galères sont mouillées dans la baie de Coron; les lampes brillent à travers les fenêtres à treillis de la ville; Seyd, le Pacha, donne une fête à l'occasion de sa victoire prochaine sur les pirates qu'il doit charger de fers : il l'a juré par Allah et son épée. Fidèle à sa parole et à son firman, il a réuni tous ses vaisseaux et rassemblé tous ses soldats : enflés comme lui d'un orgueilleux espoir, ils se partagent déjà les captifs et le butin, quoique éloignés encore de l'ennemi qu'ils méprisent. Ils n'ont qu'à mettre à la voile, demain les pirates seront enchaînés et leur repaire détruit. Que les sentinelles se livrent, si elles veulent, au sommeil : elles peuvent déjà rêver la défaite de leur ennemi. Cependant la plupart des Turcs se débandent et vont essayer leur bouillante valeur sur les Grecs. Dignes exploits des enfants de Mahomet!... Ils font luire leur cimeterre aux yeux d'un esclave, ils pillent sa maison, mais épargnent le sang : ils sentent leur force et se piquent de clémence, dédaignant de frapper, parce qu'ils le pourraient impunément; à moins qu'un joyeux caprice ne dirige leur bras, pour s'exercer à frapper l'ennemi.

La nuit s'écoule au milieu de la débauche. Que ceux qui veulent conserver leur tête sur leurs épaules tâchent de sourire, qu'ils montrent aux musulmans toute la gaieté dont ils sont capables, et attendent, pour les maudire, que la côte en soit délivrée.

II.

Mollement étendu dans son palais, Seyd est entouré des officiers de son armée. Le banquet terminé, il fait apporter pour lui le breuvage que Mahomet a proscrit; mais ses esclaves distribuent aux autres chefs plus rigides la liqueur de la fève de Moka. Des nuages de fumée s'échappent des longues chibouques, et les almées dansent au son d'une musique sauvage. Le matin verra embarquer tous ces guerriers ; mais ils se défient des vagues pendant la nuit, et le sommeil, après la débauche, est plus doux sur des coussins de soie que sur le perfide élément. Il est permis à tous de jouir de la fête. Jusqu'au lendemain ils peuvent oublier le combat ; qu'ils se fient au Koran plutôt qu'à leurs armes. Cependant le Pacha a une armée si puissante, qu'il pourrait exécuter des exploits plus difficiles que ceux dont il se glorifie d'avance.

III.

Soudain on voit s'avancer avec une crainte respectueuse l'esclave chargé de veiller à la porte. Sa tête s'incline profondément, et sa main va toucher le sol avant qu'il ose délivrer son message en ces termes : « Seigneur, un Derviche échappé de l'île des corsaires s'est présenté au palais ; lui-même demande à vous dire le reste. » Le Pacha fait un signe à l'esclave, qui introduit en silence le saint personnage. Ses bras se croisent sur sa robe d'un vert foncé ; sa marche est lente et mal assurée ; son regard est humble, mais il est plutôt usé par les austérités que par les années ; sa pâleur semble l'effet de la pénitence et non de la crainte. Son front est orné d'une chevelure touffue, consacrée à son Dieu, et qui tient soulevé un haut capuchon. Une longue robe couvre son sein, où son cœur ne bat que pour l'amour du ciel. Modeste, mais non timide, il rencontre sans embarras les regards curieux de ceux qui l'examinent pour deviner le but de sa mission, avant que le Pacha lui ait permis de parler.

IV.

« D'où viens-tu, Derviche ? — J'ai fui de l'île des pirates. — Depuis quand ? dans quels lieux avais-tu été pris ? — Je m'étais embarqué au port de Scio, sur un vaisseau marchand qui faisait voile pour Scalanova ; mais Allah ne nous fut pas favorable ; les corsaires s'emparèrent de notre navire et nous emmenèrent prisonniers. Je ne craignais pas la mort ; je n'avais point de richesses à perdre : ma liberté était tout ce qu'on pouvait me ravir. Enfin, la barque d'un pauvre pêcheur que je découvris pendant la nuit me rendit l'espérance. J'ai fui, et je trouve ici la sécurité. Auprès de toi, puissant Pacha, qui pourrait connaître la crainte ?

» — Que font les pirates ? Se préparent-ils à défendre leurs rochers et leur butin ? Sont-ils prévenus de cette expédition qui doit livrer aux flammes leur repaire de serpents ?

» — Pacha, les yeux d'un captif, occupés à pleurer sa liberté, ne peuvent guère épier ceux qui le retiennent dans les fers ; et le seul bruit qu'écoutaient mes oreilles, c'était le frémissement des vagues qui refusaient de me transporter loin de ma prison. Je ne contemplais que l'azur des cieux, qu'éclairait un soleil toujours trop brillant pour celui qui gémit dans les chaînes. Je sentais que le jour où je pourrais les briser tarirait seul la source de mes pleurs. Cependant ma fuite doit te prouver que les pirates songent peu au danger qui les menace. Si l'œil de la vigilance eût été ouvert sur moi, aurais-je osé chercher l'heureux hasard qui m'amène dans ces lieux ? La garde négligente, qui n'a pas prévenu mon évasion, se laissera surprendre par tes soldats. Mais, illustre Pacha, mon corps affaibli souffre de la faim et de la fatigue ; permets que je me retire. Que la paix soit avec toi et avec tous les tiens. Je dois obéir à la voix de la nature, qui me demande des aliments et du repos.

« — Demeure, Derviche ; je veux encore t'interroger ; assieds-toi et écoute mes questions, je l'ordonne : mes esclaves vont te chercher de quoi satisfaire la faim qui te presse : il n'est pas juste que tu jeûnes ici au milieu d'un banquet ; mais, ton repas fini, tiens-toi prêt à répondre sans rien taire et avec clarté. Je n'aime pas le mystère. »

On cherche en vain à deviner ce qui se passe dans l'esprit du Derviche : il semble regarder ce Divan avec déplaisir, montre peu de goût pour les mets qu'on lui offre, et encore moins d'égards pour les convives. Un mouvement de dépit et d'impatience altère un moment ses traits, mais est aussitôt réprimé. Il s'assied en silence, et son front a recouvré sa sérénité. On lui apporte un repas somptueux ; il évite d'y toucher, comme si on y avait mêlé un poison. Après un si long jeûne et tant de fatigues, cette indifférence a droit de surprendre. « Qu'as-tu donc, Derviche ? crois-tu qu'on te présente un repas de chrétien ? Mes amis te déplaisent-ils ? Pourquoi dédaigner ce sel, ce symbole sacré qui, une fois accepté, émousse le tranchant du cimeterre, réunit les peuples divisés, et change les ennemis en frères ?

» — Le sel, seigneur, entre dans les assaisonnements des mets recherchés par la sensualité ; je ne vis que de racines sauvages ; je ne bois que l'eau des ruisseaux. Mes vœux sévères et la règle de mon ordre me défendent de prendre aucun repas avec mes amis comme avec mes ennemis. Cela peut te surprendre ; mais je n'expose que ma tête au danger, et je déclare, Pacha, que, pour toute ta puissance, et pour le trône même du Sultan, je ne consentirai jamais à manger, si l'on ne me laisse seul. Si j'osais enfreindre mes serments, la colère du Prophète pourrait s'opposer à mon pèlerinage à la Mecque.

» — Eh bien ! je ne contrarierai pas tes pieux scrupules ; réponds encore à une question, et tu te retireras en paix. Combien sont les pirates ?... Mais ce ne peut être encore la lueur du jour. Quel astre, quel soleil éclatant brille ainsi dans la baie qui paraît un lac de feu ? Aux armes ! aux armes ! nous sommes trahis ! Gardes, accourez ! mon cimeterre ! les galères sont la proie des flammes, et je suis ici ! Derviche maudit ! voilà donc tes nouvelles ! C'est un espion sans doute ; qu'il soit saisi et mis à mort ! » A l'éclat subit de cette lumière, le Derviche s'est redressé ; son changement de forme excite une nouvelle surprise. Ce n'est plus un prêtre de Mahomet ; c'est un guerrier qui se montre fièrement ; il a déchiré sa robe traînante, qui laisse voir sa cotte de mailles. La lame de son sabre luit comme l'éclair ; le casque étroit, mais brillant, qui couvre son front et qu'ombrage un noir panache, son œil plus brillant encore, et son épais sourcil, tout le fait apparaître aux yeux des musulmans comme un Afrite, dont les coups ne menaceront pas en vain. Le tumulte, les nuages obscurs de fumée que produisent l'incendie et les torches, les cris de l'effroi, le cliquetis des fers qui commencent à se croiser, les hurlements de ceux qui combattent, tout donne à ce rivage l'aspect d'une scène de l'enfer.

Troublés et fuyant en désordre, les esclaves débandés ne voient partout que sang et flamme ; en vain le Pacha s'écrie : « Qu'on s'empare de ce Derviche, de ce démon déchaîné ! » il profite de leur lâcheté pour réprimer le premier mouvement de désespoir qui ne lui offrait que le choix de la mort, puisque, trop tôt et trop bien obéi, la flamme n'avait pas attendu son signal ; il porte la main sur le cor qui pendait à son baudrier, et en tire aussitôt un son aigu ; on y répond : « Courage ! s'écrie-t-il, mes braves compagnons. Ai-je pu douter de leur prompt secours, et croire un moment qu'ils m'avoient abandonné ! » Son bras terrible fait décrire un cercle à son cimeterre dont les coups réparent bien le temps qu'il a tardé à frapper. La terreur s'empare de ces lâches ennemis. Le sol est jonché

de turbans mis en pièces; tous les musulmans ont disparu devant lui. A peine un seul ose-t-il lever le bras pour défendre sa tête.

Seyd lui-même, troublé par la rage et la surprise, se décide à fuir sans cesser de menacer. Seyd n'a pas l'âme timide; mais il n'ose affronter les coups de Conrad, tant au milieu de ce désordre celui-ci paraît redoutable. La vue de ses galères enflammées met le Pacha hors de lui; il s'arrache la barbe, et en écumant se retire pour éviter la mort; car déjà les pirates ont franchi les portes du harem, et vont fondre sur lui. En vain ses gens épouvantés s'agenouillent pour demander quartier et jettent leurs épées, le sang ne cesse de couler. Les compagnons de Conrad accourent partout où le son du cor et les gémissements des victimes qu'il égorge les avertissent que leur chef répand le carnage; ils arrivent et le saluent avec acclamation en le voyant seul, lançant des regards farouches, semblable à un tigre au milieu de son repaire ensanglanté. Leurs clameurs sont courtes; la réponse de Conrad l'est encore plus.

« Bien! mes amis; mais Seyd nous échappe, et nous avons juré sa mort; il reste encore plus à faire : l'incendie dévore les galères, qu'il consume aussi la ville. »

Il dit, et déjà chacun a saisi une torche. Depuis le minaret jusqu'aux porches le palais est la proie des flammes. Une joie féroce anime les yeux de Conrad... mais qui l'émeut soudain? C'est le gémissement des femmes qui, comme un son lugubre, vient attrister ce cœur que les cris des mourants n'ont pu toucher. « Qu'on enfonce le harem; qu'on n'outrage aucune femme sous peine de la mort. Souvenez-vous que nous sommes époux, et que la vengeance atteindrait le coupable. Notre ennemi c'est l'homme; c'est l'homme qu'il faut frapper; mais respectons la femme plus faible. J'ai pu oublier cet ordre; mais que je sois maudit à jamais si j'osais condamner au trépas un sexe sans défense. Me suive qui voudra; nous avons encore le temps de nous épargner un crime. »

Il franchit l'escalier qui commence à s'écrouler; il enfonce les portes. Ses pieds ne sentent pas le plancher brûlant; il respire à peine au milieu des tourbillons de fumée, et traverse tous les appartements : on le suit, on cherche avec lui, on trouve l'asile des femmes. Chacun saisit d'un bras robuste une belle éplorée, sans contempler ses charmes, et, calmant son effroi et ses cris, la transporte avec tous les soins dus à la beauté malheureuse : tant Conrad pouvait gouverner ces cœurs sauvages, et diriger ces mains couvertes de sang.

Mais quelle est celle que Conrad enlève dans ses bras au milieu des décombres fumants et des débris du combat. C'est la bien-aimée de l'homme dont il a juré le trépas, c'est la reine du harem et l'esclave de Seyd.

V.

A peine Conrad eut-il le temps d'adresser quelques mots à la tremblante Gulnare pour la rassurer. Pendant les moments de relâche que son humanité accorde aux vaincus, ceux-ci s'étonnent de n'être pas poursuivis dans leur fuite précipitée; ils ralentissent leurs pas, ils se rallient et se rangent en bataille. Seyd, qui le premier reconnaît le petit nombre des corsaires, rougit d'une déroute causée par la surprise et la peur.

Allah il allah! tel est le cri de la vengeance. A la honte succède la rage. Vaincre ou périr! de nouvelles flammes, de nouveaux flots de sang vont reconquérir la victoire. La fureur des vaincus va rallumer le combat! c'est leur vie que les vainqueurs vont avoir à défendre.

14

Conrad voit le danger; il voit ses compagnons affaiblis attaqués par des troupes fraîches.
« Un effort, s'écrie-t-il , pour nous ouvrir le passage ! » Ses soldats se serrent , chargent ,
reculent; tout est perdu. Repoussés dans un cercle étroit, pressés de toutes parts, perdant
l'espoir, mais non le courage, ils savent se rendre encore redoutables. Hélas ! ce n'est
plus qu'en désordre qu'ils se défendent : investis, criblés de coups et culbutés, aucun ne
cesse de combattre en silence ; ils tombent plutôt épuisés que vaincus, et frappent encore
un dernier coup, jusqu'à ce que le cimeterre échappe à leurs mains glacées.

VI.

Avant qu'on recommençât le combat, Gulnare et les femmes du harem avaient été
mises en sûreté par les ordres de Conrad dans une maison de la ville , où elles essuyèrent
ces larmes que la crainte de la mort et des outrages leur avait fait répandre ; ce fut alors
que la jeune Gulnare aux beaux yeux noirs, se rappelant les pensées qui l'avaient agitée
dans son effroi, s'étonna de la courtoisie et des doux accents de Conrad. Il lui sembla
étrange que ce pirate tout couvert de sang eût un aspect plus aimable que Seyd dans les
transports les plus tendres. Le Pacha aimait comme si son esclave devait s'estimer heureuse du don de son cœur. Le corsaire s'était offert en protecteur, et avait cherché à calmer ses craintes, comme si son hommage était un des droits de la beauté. « Ce désir est
coupable sans doute, et ce qui est pire pour une femme, c'est un inutile désir'; cependant je voudrais revoir ce chef valeureux pour réparer du moins ce que la crainte m'a
fait oublier, en le remerciant de m'avoir conservé une vie dont le Pacha, mon amant ,
s'est si peu soucié ! »

VII.

Soudain elle l'aperçoit au plus fort de la mêlée, entouré de cadavres sanglants, écarté
des siens, vendant cher sa défaite à l'ennemi, perdant son sang par ses blessures, ne pouvant trouver la mort, et pris enfin pour expier tous les maux qu'il a faits.

On épargne sa vie , mais c'est pour le faire languir , pendant que la vengeance inventera
des tortures; on étanche son sang, c'est pour le répandre goutte à goutte , car Seyd voudrait prolonger ses jours pour prolonger son agonie. Est-ce bien le même homme qui
marchait tout à l'heure triomphant et se faisait obéir par le seul geste de sa main sanglante?
C'est lui-même , désarmé, mais non abattu , ne regrettant que d'avoir conservé la vie. Ses
blessures... elles ne sont que trop légères, quoiqu'il eût volontiers baisé la main qui lui en
eût fait de mortelles. Faut-il qu'aucun coup n'ait terminé ses jours, quand tous les siens
ont donné la mort? Ah ! qu'il sent amèrement les rigueurs de son inconstante fortune , lorsque les menaces du vainqueur annoncent les supplices affreux dans lesquels ses crimes vont
s'expier ! mais l'orgueil qui a guidé son bras l'aide à dissimuler. Le farouche recueillement
de son visage lui donne plutôt l'air du vainqueur que du captif. Tout épuisé qu'il est par
les travaux de ce jour et le sang qu'il a perdu , il en est peu, parmi ceux qui le regardent,
dont l'œil soit aussi calme que le sien. Ceux que son bras avait tenus à distance commencent à se rassurer et à faire entendre leurs lâches clameurs; mais les braves qui l'ont vu de
près n'insultent pas celui qui les a fait trembler, et les gardes féroces qui le conduisent l'admirent en silence , pénétrés d'une secrète terreur.

VIII.

On demande un médecin ; ce n'est pas la pitié qui l'appelle; on veut savoir ce que peut
supporter le reste de vie dont jouit encore Conrad. On lui en trouve assez pour le charger

de fers, et espérer qu'il ne sera pas insensible aux douleurs. Demain, oui, c'est demain qu'au coucher du soleil doit commencer le supplice du pal, et au retour de l'aurore ses bourreaux accourront pour voir l'effet de ses souffrances. De tous les supplices, on choisit le plus long et le plus cruel, celui qui réunit à toutes les angoisses l'ardeur d'une soif que la mort retarde chaque jour de venir éteindre, pendant que les vautours affamés voltigent autour du pieu fatal : « De l'eau ! de l'eau ! » s'écrie le malheureux. La haine refuse, car, s'il boit, il meurt à l'instant.

Tel est le sort qu'on destine au fier Conrad. Le médecin, les gardes sont partis ; il est seul avec ses chaînes.

IX.

. . . .

X.

C'est une tour élevée que Seyd a choisie pour enfermer Conrad. Son palais est en cendres : cette tour sert à la fois d'asile à sa cour et de prison au captif. Le corsaire n'a point à murmurer contre la sentence du Pacha ; s'il eût été vaincu, celui-ci eût éprouvé le même sort. Dans son cachot solitaire, il ose descendre au fond de son cœur coupable ; il n'est qu'une seule pensée qu'il tremble d'affronter : Que deviendra Médora à ces tristes nouvelles ? A cette idée, il soulève ses mains et presse avec rage les fers dont elles sont chargées ; puis tout à coup cherchant à s'abuser ou à s'étourdir par de fausses espérances, il s'efforce de sourire en pensant à son malheur : « Eh bien ! s'écrie-t-il, que Seyd ordonne mon supplice quand il voudra, ou quand il pourra ; prenons le repos dont j'ai besoin pour ce jour fatal ! » A ces mots, il se traîne péniblement vers sa natte, et, quels que soient ses rêves, il est bientôt endormi.

Il était à peine minuit quand le combat avait commencée ; les projets que méditait Conrad étaient promptement exécutés, et le démon du carnage met si bien le temps à profit, qu'il y avait peu de crimes qui n'eussent été commis dans cette nuit funeste : une heure avait suffi à Conrad pour se déguiser, se découvrir, vaincre, être vaincu, pris et condamné ; tour à tour corsaire sur les flots, général sur terre, ennemi terrible et humain, plongé dans un cachot et se livrant au sommeil.

XI.

Ce sommeil paraît si profond, qu'on l'eût à peine entendu respirer, trop heureux si c'était le sommeil de la mort. Mais qui s'avance dans le silence de sa prison ? ses ennemis se sont retirés, il n'a pas d'amis dans ces lieux. Est-ce un ange envoyé du ciel pour lui annoncer sa grâce ? non, c'est une mortelle sous les traits d'une divinité. Une de ses blanches mains porte une lampe qu'elle cache avec l'autre, de peur que l'éclat soudain de sa flamme n'aille frapper la paupière de celui qui ne doit ouvrir les yeux qu'à la douleur, pour les refermer ensuite à jamais.

Quelle est donc cette beauté aux yeux si noirs, au front si beau, protégé par les boucles d'une chevelure qu'attachent des nœuds de diamants ? Quelle est cette beauté aérienne dont le pied nu a la blancheur de la neige, et tombe, comme elle, en silence, sur la terre ? Comment a-t-elle pénétré jusqu'ici malgré les gardes et la nuit ? Ah ! demandez plutôt ce que ne peut une femme que la jeunesse et la pitié inspirent comme toi, belle Gulnare.

Pendant que le Pacha sommeille, occupé encore dans ses songes de son terrible prisonnier, Gulnare s'est échappée de sa couche, après avoir enlevé la bague qui lui sert de sceau, et dont elle a souvent paré son doigt en riant.

Munie de ce signe précieux que les gardes doivent respecter, elle traverse leurs rangs endormis sans être à peine interrogée. Ces soldats, épuisés par la fatigue du combat, ont envié le repos de Conrad : leur tête appesantie chancelle et retombe à tous moments sur leur sein ; leurs membres sont nonchalamment étendus ; ils ont cessé de veiller et se contentent de lever un moment les yeux sur la bague qu'on leur présente, sans s'inquiéter de la main qui la porte.

XII.

Gulnare regarde et s'étonne : « Il dort, dit-elle, tandis que les uns pleurent sa défaite, d'autres les coups qu'il a frappés, et que mon inquiétude guide auprès de lui mes pas errants. Quel charme soudain m'a rendu cet homme si cher?... Il est vrai que je lui dois plus que la vie, et qu'il nous a toutes sauvées de l'incendie. Réflexions tardives!... Mais silence : son sommeil s'interrompt ; qu'il soupire péniblement! le voilà réveillé. »

Conrad soulève la tête, et son œil ébloui par la clarté doute de ce qu'il voit. Sa main fait un mouvement, et le bruit de ses chaines l'avertit tristement qu'il vit encore.

« — Que vois-je? dit-il ; c'est une divinité aérienne, ou mon geolier est doué d'une merveilleuse beauté.

» — Pirate! je ne te suis pas inconnue ; tu vois une femme reconnaissante d'une action trop rare dans ta vie. Regarde-moi et souviens-toi de celle que tu as sauvée des flammes et de tes soldats plus effrayants que les flammes ; je viens te voir au milieu des ténèbres, dans quel dessein? je crois que je l'ignore moi-même, mais ce n'est pas dans de funestes intentions ; non, ce n'est pas moi qui voudrais ton trépas.

» — S'il en est ainsi, femme bienfaisante, répond Conrad, tu es ici la seule qui ne se fasse pas une fête de l'idée de mon supplice. Mes ennemis ont eu la fortune pour eux; qu'ils usent du droit qu'elle leur donne ; mais quoi qu'il puisse arriver, je leur dois des remerciements pour le soin qu'ils ont pris de m'envoyer un tel confesseur à ma dernière heure. »

Quelque étrange que puisse paraître ce sentiment, il existe une espèce de gaieté dans l'extrême infortune, une gaieté qui ne soulage pas, il est vrai, car la douleur ne prend guère le change ; mais son sourire, tout amer qu'il est, est encore un sourire. Les hommes les plus sages et les plus vertueux ont parfois plaisanté sur l'échafaud. Tout le monde peut y être trompé, excepté le cœur de celui qui souffre. Quel que fût le sentiment qu'éprouva Conrad en ce moment, un sourire sauvage éclaircit à demi son noir sourcil, et ses accents exprimèrent la gaieté comme pour la dernière fois.

Mais rien n'était plus éloigné de son caractère : ce n'était que bien rarement qu'il interrompait le cours de ses sombres pensées.

XIII.

« —Corsaire! ta sentence est prononcée, mais je puis encore adoucir le courroux du Pacha ; je veux te sauver. Je le ferais dès à présent ; mais ni le temps qui presse, ni l'épuisement de tes forces, ne peuvent m'en laisser l'espérance. Je ferai tout pour retarder au moins l'exécution d'une sentence qui t'accorde à peine un jour. Tenter cette nuit davantage nous serait fatal. Toi-même tu refuserais de courir le risque d'une perte commune.

» — Oui, je le refuserais ; mon âme est prête à tout : je suis tombé trop bas pour craindre une autre chute. Renonce à tout projet périlleux, et cesse de me flatter de l'espoir d'échapper à des ennemis avec lesquels je ne pourrais me mesurer. Incapable de vaincre, irai-je fuir lâchement, et serai-je le seul de ma troupe qui n'oserait mourir? Cependant j'avais une amie dont le souvenir m'afflige jusqu'à faire verser des larmes à ces yeux devenus aussi sensibles que les siens. Mes seules ressources dans la vie étaient mon vaisseau, mon épée, mon amie et mon Dieu. J'ai abandonné mon Dieu dans ma jeunesse, il m'abandonne aujourd'hui : l'homme qui m'opprime n'est que l'instrument de ses vengeances. Loin de moi la pensée de railler le ciel en lui adressant les rampantes prières d'un timide désespoir ; je respire et je puis tout supporter, c'est assez pour moi. Mon épée, elle a été ravie à ce bras qui eût dû mieux répondre à la confiance des braves qu'il guidait, mon vaisseau doit être la proie des vagues ou au pouvoir de Seyd. Mais mon amie, je l'avoue, pour elle encore je pourrais implorer le ciel. Ma mort va briser ce cœur si tendre et flétrir des appas qu'avant d'avoir vu les tiens, belle Gulnare, j'avais crus sans pareils.

« — Tu en aimes donc une autre? Mais que m'importe? oui, sans doute, il m'importe peu ; cependant tu aimes ! Combien je porte envie à ceux qui trouvent des cœurs fidèles, et qui, plus heureux que moi, n'éprouvent pas cette vague inquiétude et ce besoin d'illusion qui me tourmentent !

» — Gulnare, j'avais cru que tu aimais celui pour qui mon bras t'a arrachée à une tombe de feu.

» — Moi, aimer le farouche Seyd ! non, non, jamais ! vainement ai-je essayé de répondre à sa passion, l'amour n'habite qu'avec la liberté : je suis esclave, esclave en faveur, il est vrai, destinée à partager la splendeur qui entoure Seyd, et à paraître heureuse. Souvent j'ai la douleur de m'entendre demander si j'aime, et je brûle de répondre non. Qu'il est dur d'être l'objet d'une semblable tendresse, et de faire de vains efforts pour la payer de retour ! mais sans doute il est plus cruel encore de dissimuler un sentiment d'une autre espèce à celui qui l'inspire. Seyd prend cette main que je ne donne ni ne refuse ; le froid battement de mon cœur n'en devient ni plus lent ni plus rapide ; et quand elle m'est rendue, cette main tombe comme privée de la vie, en s'éloignant de l'homme qui n'a jamais été assez aimé pour pouvoir être haï. L'impression de ses lèvres trouve les miennes sans chaleur, et ses caresses me font frissonner et me glacent. Oui, sans doute, si j'avais éprouvé les ardeurs de l'amour, j'aurais pu leur faire succéder la haine ; mais c'est avec la même indifférence que je vois Seyd et me quitter et revenir auprès de moi : souvent il soupire, et il est bien loin de ma pensée. L'avenir, je le crains, ne m'apportera que de nouveaux dégoûts. Je suis l'esclave du Pacha ; mais, malgré l'orgueil de son rang, il serait plus funeste pour moi de l'avoir pour époux que de l'avoir pour maître. Que ne peut-il oublier le caprice qui l'attache à moi ! Ah ! s'il voulait l'éprouver pour une autre, s'il voulait m'abandonner... hier encore j'aurais dit à mon indifférence !... oui ; mais si je feins aujourd'hui une tendresse qui ne m'est pas ordinaire, souviens-toi, malheureux prisonnier, que c'est pour briser tes fers, pour acquitter la dette de la vie que tu m'as sauvée, pour te rendre enfin à cette amie qui partage un amour que je ne connaîtrai jamais. Adieu, le jour va paraître, ne crains pas la mort d'aujourd'hui. »

XIV.

Elle presse ses mains enchaînées contre son cœur, baisse la tête, puis tout à coup disparaît en silence comme un songe de bonheur... Était-ce bien Gulnare qui était là? ou Conrad était-il seul? Quelle est cette perle brillante qui est tombée sur ses fers? C'est une

larme sacrée versée sur les maux du malheureux, et que la pitié laisse échapper comme
une perle pure, et déjà polie par une main céleste. O larme trop persuasive que répand
l'œil de la femme! tu es une arme avec laquelle la faiblesse sait attendrir et subjuguer, et
qui lui sert à la fois de lance et de bouclier! Mortels, défiez-vous de la vue d'une femme
éplorée. Qui a pu faire fuir un héros et lui enlever l'empire du monde? une larme de Cléo-
pâtre timide. Ah! qu'on excuse la faute d'Antoine! Combien perdent encore le ciel comme
il perdit la terre! Combien livrent leurs âmes à l'ennemi éternel de l'homme, et mettent
le comble à leur misère, pour sécher les pleurs d'une beauté volage!

L'aurore renaît, et ses rayons viennent briller sur les traits altérés de Conrad, sans lui
ramener l'espérance de la veille. Que deviendra-t-il cette nuit? Peut-être un corps inanimé,
sur lequel planera le vautour à l'aile funèbre; ses yeux fermés n'apercevront plus rien,
et, pendant l'absence du soleil, les vapeurs humides du soir répandront la fraîcheur autour de lui pour tout ranimer dans la nature, excepté son cadavre torturé.

CHANT TROISIÈME.

Come vedi, ancor non m'abandona.
DANTE.

I.

. . . .

II.

. . . .

III.

Le soleil a disparu : Médora, assise sur la hauteur où est placé le signal, sent défaillir
son cœur.

Le troisième jour s'est écoulé : Conrad, infidèle à sa promesse, n'arrive pas; personne
ne vient de sa part : le vent lui serait propice, quoique son souffle soit faible, et aucun
orage n'a grondé.

Le navire d'Anselme entre dans la baie; quelles nouvelles apporte-t-il? Il n'a point
rencontré Conrad. Ah! sans doute, s'il eût attendu ce navire pour combattre, son
sort serait bien différent! La brise du soir commence à souffler; Médora a passé le jour à
épier tous les objets que son espoir lui a peints au loin comme une voile. Enfin, son impatience l'entraîne au bord de la mer où elle erre désolée, sans sentir l'écume des flots qui
jaillit sur ses vêtements et l'avertit de s'éloigner; elle ne sent rien, ne voit rien et demeure;
son cœur seul éprouve les transes du froid. Cette inquiétude prolongée lui peint son malheur comme si peu douteux, que la vue de Conrad lui eût coûté la vie ou la raison.

Arrive enfin un bateau à demi brisé. Ceux qu'il ramène ont rencontré d'abord celle
qu'ils cherchent? Quelques-uns ont des blessures; tous ont l'air d'avoir été bien maltraités.
Comment ont-ils pu s'échapper? à peine s'ils le savent; tout ce qu'ils peuvent dire, c'est
qu'ils ont fui. N'osant se montrer, chacun attend que son compagnon fasse entendre le
premier ses tristes conjectures sur le sort de Conrad. Ils auraient peut-être hasardé quelques

mots ; ils semblent craindre que Médora ne les écoute. Elle les comprend ; elle ne tremble pas , ne succombe pas sous le poids de sa douleur.

Sous des traits délicats, Médora cachait des sentiments pleins de force qui n'éclataient qu'après avoir recueilli toute leur énergie. Tant que l'espérance survivait, elle donnait un libre cours à son attendrissement et à ses larmes ; quand tout était perdu , sa sensibilité ne s'éteignait pas , elle dormait , et de ce calme passager naissait cette force qui lui disait : « Puisque tu n'as plus rien à aimer , tu n'as plus rien à craindre. » Cette force était plus que naturelle , et semblable à celle que le délire puise dans l'accès d'une fièvre brûlante.

« Vous vous taisez , dit-elle , mais je ne vous demande rien... Pourquoi n'osez-vous ni parler ni respirer? Je sais tout... Ah ! pourtant je voudrais vous interroger .. ma bouche s'y refuse presque... Allons , répondez en peu de mots : qu'est devenu Conrad? — Nous l'ignorons , madame ; nous avons eu peine à fuir pour sauver notre vie... mais voici un camarade qui prétend qu'il n'est pas mort ; il l'a vu blessé , prisonnier et vivant encore. »

Elle n'en entend pas davantage ; toutes les pensées qu'elle a écartées jusqu'alors accourent en foule. Ces tristes paroles ont accablé son âme ; elle chancelle et tombe presque sans vie. Les vagues allaient s'emparer de ce corps que réclamera bientôt un autre tombeau ; les mains rudes de ceux qui l'entourent se sont empressées de la soutenir ; leurs yeux laissent échapper les larmes de la pitié. Ils arrosent avec l'onde amère ces joues décolorées ; ils relèvent Médora , agitent l'air autour d'elle jusqu'à ce qu'elle revienne à la vie, et , appelant ses femmes , laissent entre leurs bras celle dont la vue leur fend le cœur. Ils vont trouver Anselme dans sa caverne, pour lui faire le triste récit de leur trop courte victoire.

IV.

Dans cette assemblée sauvage retentissent des cris de colère et de terreur , de guerre et de vengeance ; les seuls mots de paix et de fuite ne sont pas prononcés ; l'esprit de Conrad règne encore parmi ses compagnons et leur défend le désespoir. Quel que soit son destin , mort ou vif, les cœurs qu'il a formés et commandés jurèrent de le délivrer ou de le venger. Malheur à ses ennemis ! il est encore un petit nombre de braves dont l'audace égalera le dévouement.

V.

Dans l'appartement secret du harem , Seyd rêve au supplice de son prisonnier. Ses pensées, que l'amour et la haine se partagent , sont tour à tour occupées de Gulnare et de Conrad. La belle esclave est à ses pieds, épiant l'instant favorable où son front s'éclaircira. Ses yeux noirs cherchent à attirer ceux de Seyd pour l'attendrir ; mais le Pacha feint de compter attentivement les grains de son rosaire , pendant que c'est le tableau des tortures de sa victime qui absorbe son attention.

« Illustre Pacha , dit-elle enfin , la fortune t'a souri , la victoire s'est fixée sur ton cimier. Conrad est pris, et les corsaires n'existent plus. Tu as prononcé sa sentence ; il va mourir, et l'a bien mérité. Mais son supplice suffit-il à ta haine? En le délivrant un moment , ne serait-il pas plus sage de recevoir ses trésors pour prix de sa rançon ? On vante ses immenses richesses; plût au ciel que tu en devinsses le maître ! Cependant, Conrad abattu , affaibli par ce fatal combat, surveillé, suivi partout, serait une proie facile ; mais s'il meurt , le reste de sa troupe embarquera son butin pour chercher un refuge sous un autre climat.

« — Gulnare, si on m'offrait pour chaque goutte de son sang un diamant aussi riche que celui de Stamboul ; si pour chacun de ses cheveux on me promettait une mine d'or encore vierge ; si tous les trésors vantés de nos contes arabes étoient étalés devant moi, toutes ces richesses ne pourraient racheter le corsaire. Son supplice même ne serait pas retardé d'une heure, si je ne le savais en mon pouvoir et chargé de chaînes, si dans ma soif de vengeance je ne cherchais à imaginer les tortures les plus longues et les plus cruelles.

» — Tu as raison , Seyd , je ne cherche point à retenir ton courroux ; il est trop juste pour écouter la pitié. Ma pensée seulement était de te voir acquérir les richesses de notre ennemi ; ensuite racheté , privé de la moitié de sa troupe et de ses ressources , il tomberait entre tes mains à ton premier désir.

» — A mon premier désir ! Et je relâcherais ce brigand pour un jour , quand il est déjà dans mes fers ! Je laisserais échapper mon ennemi ! et à la prière de qui? à la tienne , belle suppliante? Voilà la reconnaissance qui t'inspire un moment d'humanité auquel mes femmes doivent la vie... ah ! sans doute, il ignorait le prix de ce qu'il conservait. Il mérite aussi mes éloges et mes remercîments ; mais écoute un conseil que je veux te donner : je me défie de toi , femme perfide ; chacune de tes paroles confirme les soupçons que j'ai conçus. Quand les bras du corsaire t'enlevaient au milieu des flammes , était-ce à regret que tu fuyais avec lui le sérail?... Tu n'as pas besoin de répondre , la rougeur de ton front trahit ton cœur coupable. Eh bien ! beauté charmante , prends garde à toi ! ce n'est pas à la seule vie de Conrad qu'il faut s'intéresser... Encore un mot , et je me tais : maudit soit l'instant où il t'a préservée de l'incendie ! il eût mieux valu pour toi... mais non , je t'eusse pleurée alors avec la douleur d'un amant ; en ce moment , c'est ton maître qui parle. Ignores-tu , perfide , que je sais comment on pourrait t'empêcher de fuir? Ce n'est par des menaces que je punis qui m'outrage. Observe-toi bien , et redoute le châtiment de la trahison. »

Seyd se lève et s'éloigne à pas lents , ne cessant de lancer des regards menaçants et terribles. Ah ! peu s'en émeut cette femme intrépide. Un visage irrité n'a rien qui l'effraie ; les menaces ne suffisent pas pour la subjuguer. Seyd connaissait mal ce que pouvait l'amour sur ce tendre cœur , et de quelle audace pouvait l'animer la vengeance. Les soupçons du Pacha semblent l'offenser ; elle ignorait encore combien le sentiment d'où naît sa compassion avait jeté de profondes racines dans son cœur. Elle était esclave : un captif a des droits à l'intérêt de tous ceux qui sont privés de la liberté. Sans trop démêler le trouble qui l'agite , elle courut s'exposer de nouveau à la colère du Pacha , et parvint à le calmer , lorsque enfin elle sentit s'élever dans son esprit ce désordre d'idées , source des malheurs de la femme.

VI.

Cependant les jours et les nuits s'écoulent lentement pour Conrad , toujours assiégé par les mêmes inquiétudes. Ah ! si son âme n'avoit su dompter la terreur , comment eût-il supporté des heures partagées entre la crainte et le doute , lorsqu'à tous les moments pouvait commencer pour lui un supplice pire que la mort ; lorsque tous les pas que répétait l'écho de sa prison pouvaient être ceux des bourreaux qui l'allaient conduire au pieu fatal , et chaque son de voix qu'il entendait , le dernier qui dût frapper son oreille? Cette âme altière , malgré les douleurs qui l'accablent , a perdu de son énergie , mais elle sait encore supporter ce conflit de pensées plus redoutable que tous les combats où Conrad s'est trouvé.

La chaleur de l'action , le fracas des tempêtes , ne laissent languir aucune idée ; mais être chargé de fers dans un cachot solitaire, et en proie à mille souvenirs déchirants; descendre dans les replis de son cœur, se reprocher des fautes irréparables, et voir approcher l'inévitable avenir; compter les heures qui nous séparent encore du trépas, sans avoir un ami pour nous crier : Courage! ou qui puisse attester combien la vie nous coûta peu de regrets; être entouré d'ennemis toujours prêts à calomnier et à noircir les derniers instants de notre existence; être menacé de tortures que l'âme se sent bien capable de braver, mais qui peut-être, au-dessus des forces de la chair, nous font craindre qu'un cri, échappé à la douleur, ne ravisse au courage la dernière gloire qui lui reste, celle de savoir souffrir; quitter cette vie sans pouvoir se flatter de celle du ciel, qui n'est accordée qu'à ses élus; mais surtout se voir enlever un bonheur plus certain que celui d'un paradis douteux, la tendre amie qui nous fit un Éden de la terre... voilà les pensées dont le captif est tourmenté; telles sont ses angoisses, plus affreuses qu'aucune douleur mortelle!

Tel était le destin de Conrad; comment le supporta-t-il? qu'importe! c'est déjà beaucoup que de n'y pas succomber.

VII.

Le premier jour se passe, et Gulnare ne paraît pas; le second, le troisième, sont déjà loin; elle n'est pas encore revenue; mais ce qu'elle a promis, ses charmes l'ont obtenu. Sans elle Conrad n'eût pas vu luire un autre soleil.

Le quatrième jour s'est éclipsé; une tempête vient mêler son horreur à l'obscurité de la nuit. Comme Conrad écoute avidement le choc bruyant des flots, qui jusqu'alors n'avaient jamais interrompu son sommeil! son imagination sauvage s'égare, inspirée par l'élément qu'il chérit. Combien de fois il a volé sur le dos de ces vagues rapides! qu'il aimait leur agitation, qui rendait sa course plus prompte! Maintenant le mugissement de l'océan est pour lui une voix bien connue, qui lui dit en vain qu'il n'en est séparé que par une courte distance.

Le vent fait entendre de longs sifflements, et la voûte du cachot retentit des roulements de la foudre. A travers les barreaux brille l'éclair dont la lumière réjouit plus Conrad que celle de l'astre des nuits : il traîne ses lourdes chaînes pour attirer le tonnerre, et, soulevant ses bras chargés de fer, prie le ciel, dans sa pitié, de lancer un de ses carreaux pour l'anéantir. Le métal qui l'enchaîne et ses vœux impies appellent également la foudre. L'orage passe et dédaigne de frapper. Conrad gémit, comme si un ami infidèle eût méprisé sa prière.

VIII.

Minuit a sonné; un pas léger s'approche de la porte massive : il s'arrête. Conrad entend crier le verrou bruyant et tourner la clef au son triste. Son cœur l'a deviné : c'est la belle Gulnare; elle est pour lui un ange protecteur, et belle comme un prisonnier point l'Espérance. Elle est changée cependant, depuis qu'elle est venue pour la première fois : la pâleur règne sur ses joues, et un frisson agite tous ses membres. Elle jette sur Conrad un œil inquiet et affligé, qui eût dit, au défaut de ses lèvres : « Il te faut mourir, oui, mourir! une ressource te reste, la seule, la plus terrible; mais la torture l'est encore davantage.

» — Gulnare! je n'en cherche aucune; je l'ai dit, je le répète, Conrad est toujours le même. Pourquoi vouloir sauver la vie d'un proscrit et l'arracher au supplice qui l'attend et qu'il a bien mérité? Oui, et je ne suis pas le seul peut-être, je l'ai bien méritée la vengeance que prépare Seyd.

« — Pourquoi! tu veux savoir pourquoi! et n'as-tu pas garanti Gulnare d'un sort pire que l'esclavage?... Pourquoi! le malheur t'a-t-il fermé les yeux sur les tendres projets d'une femme? L'avouerai-je? quoique mon sexe doive cacher ce que je sens, en dépit de tes crimes, mon cœur s'est ému pour toi; tu m'as inspiré la crainte, la reconnaissance, la pitié, la rage et l'amour... Ne réponds rien... ne me dis plus que tu en aimes une autre, et que j'aime en vain. Je veux qu'elle m'égale en tendresse comme en beauté; moi, j'affronte un danger qui la ferait trembler. Son cœur est-il bien digne du tien? Ah! si j'étais ton amie, tu ne serais pas seul ici! épouse d'un proscrit, pourquoi laisse-t-elle son époux errer sans elle sur les flots? quel soin l'attache dans ton île? Mais cessons ce discours... sur ta tête et la mienne une épée tranchante n'est suspendue que par un fil. As-tu encore du courage? veux-tu être libre? reçois ce poignard, viens et suis-moi.

» — Te suivre! et mes chaînes? Chargé d'un semblable ornement, pourrai-je sans bruit passer au milieu des gardes endormis? l'as-tu donc oublié? est-ce là l'équipage d'un homme qui veut fuir? ce poignard est-il une arme bien redoutable au combat?

» — Homme défiant! les gardes sont gagnés, toujours prêts à se révolter par l'appât de l'or; un mot de ma bouche, et tes chaînes tombent. Sans aucun secours, comment serais-je auprès de toi? Depuis que je t'ai vu, j'ai mis le temps à profit, et si je me suis rendue coupable, c'est pour toi! Coupable! est-ce l'être que de punir Seyd? il doit mourir; ce tyran détesté. Je te vois frémir; mais mon âme est bien changée. On lui a prodigué l'outrage et le mépris: elle sera vengée. On l'a soupçonnée d'une trahison que jusqu'ici elle avait dédaignée, trop fidèle, hélas! quoique abreuvée d'une amère servitude... Tu souris; mais tu peux le croire: Seyd avait tort de se plaindre. Je n'étais point perfide alors, et tu ne m'étais pas encore si cher. Mais Seyd l'a prétendu; et les jaloux, ces tyrans qui, en nous tourmentant sans cesse, nous donnent l'idée de la trahison, méritent bien le sort que prédisent leurs lèvres chagrines. Je n'ai jamais aimé le Pacha; il m'avait achetée... un peu cher peut-être, puisque mon cœur n'a pu lui être vendu. J'étais une esclave docile: il a dit que j'aurais fui volontiers avec toi. Il mentait, tu le sais; mais malheur aux prophètes comme lui! leurs injures rendent leurs prédictions véritables; et crois-tu que c'est à ma prière qu'il a suspendu ton supplice? Non, cette grâce passagère lui donne le temps de préparer des tortures plus terribles pour toi, et pour Gulnare un désespoir plus cruel. Ma vie aussi a été menacée; mais son fol amour a retardé sa vengeance. Elle attendra que mes appas cessent de plaire. Alors s'ouvrira pour moi le sac fatal, et la mer est à deux pas. Permettrai-je à son caprice de me traiter comme le jouet qu'un enfant rejette dès qu'il a perdu sa dorure? Je t'ai vu, je t'aime, je te dois tout; je veux te sauver, ne fût-ce que pour te prouver ce que peut la reconnaissance d'une esclave. Les serments que le Pacha prononce dans sa colère sont religieusement accomplis; mais, n'eût-il pas menacé ma vie et mon honneur, je t'aurais encore délivré en épargnant Seyd, il est vrai. Me voici toute à toi, préparée à tout; tu ne m'aimes pas, tu ne connais pas Gulnare, tu la hais peut-être. Hélas! l'amour, la haine m'étaient également inconnus! Que ne peux-tu m'éprouver! tu ne repousserais pas avec crainte le feu dont brûle un cœur né dans ces climats! Ce feu devient le phare de ton salut. Il te montre dans le port la barque d'un Mainote; mais dans un appartement qu'il nous faut traverser, le tyran dort, il ne doit plus se réveiller!

» — Gulnare! Gulnare! je n'avais jamais senti, comme en ce moment, mon abjecte fortune. Seyd est mon ennemi; il nous eût détruits sans pitié, mais en nous déclarant la guerre. J'accourus sur mon vaisseau pour le prévenir et croiser mon cimeterre avec le sien ; voilà mon arme, et non le perfide poignard. Qui respecte la vie d'une femme respecte celle d'un ennemi qui dort. C'est avec joie que je t'ai sauvée, ne me laisse pas croire que mon humanité s'est exercée sur un objet qui n'en était pas digne. Adieu donc, rends le calme à ton cœur. La nuit s'écoule, c'est la dernière accordée à mon repos sur la terre.

« — Eh bien ! repose, malheureux, le soleil levant verra commencer tes souffrances, et tes membres palpiter sur le pieu qui t'attend. J'ai entendu donner les ordres. J'ai vu préparer ton supplice ; mais je n'y assisterai pas. Tu veux périr, je périrai avec toi.

« Ma vie, mon amour, ma haine, tout ce qui m'attache à la terre, dépend d'un seul coup, et sans ce coup la fuite est inutile. Comment éviter les poursuites de Seyd?... Oublierai-je d'ailleurs mes injures, ma jeunesse flétrie, les longues années que j'ai consumées dans les larmes?... Ma vengeance fait notre sûreté. Mais puisque le poignard n'est point une arme digne de ta main, j'essaierai celle d'une femme. Les gardes sont gagnés : encore un moment, Conrad, nous sommes sauvés ou perdus ; si mon faible bras me trahit, l'aurore éclaire l'instrument de tes tortures et mon linceul. »

IX.

Elle détourne la tête à ces mots, et disparaît avant que Conrad ait pu répondre. Il la suit avec l'œil étonné de l'inquiétude ; et repliant, comme il peut, les anneaux de ses chaînes pesantes pour diminuer le bruit de sa marche, il se hâte de se traîner sur les pas de Gulnare, puisque les verrous ne s'opposent plus à son évasion. L'obscurité et les détours d'un passage inconnu l'embarrassent. Il ne trouve ni lampes ni gardes ; tout à coup une sombre lueur vient le frapper. Approchera-t-il ? fuira-t-il cette lumière qu'il distingue à peine ? Le hasard guide ses pas. Son front reçoit l'impression d'une fraîcheur soudaine qui semble celle du matin ; il est parvenu dans une galerie découverte. Le ciel offre encore à ses regards la dernière étoile de la nuit ; Conrad y fait peu d'attention ; c'est une autre clarté dans un appartement solitaire qui attire sa vue. Une porte entr'ouverte lui permet de voir une lampe et rien de plus. Quelqu'un survient d'un pas précipité, s'arrête, se détourne, s'arrête encore. C'est Gulnare enfin. Plus de poignard dans sa main, aucun indice de crime. « Béni soit, dit-il, ce cœur rendu au calme ! elle n'a pu frapper ! » Il la regarde de nouveau ; ses yeux effarés semblent frappés d'épouvante aux rayons soudains du jour. Elle fait un mouvement pour rejeter sur ses épaules les flots de ses cheveux épars qui voilaient presque tout son visage et l'albâtre de son sein ; elle paraît sortir d'un moment de rêverie de doute ou de terreur. Conrad s'approche : la main trop pressée de Gulnare a oublié d'effacer sur son front une légère tache ; Conrad en observe la couleur, et devine...; c'est un témoin bien faible mais irrécusable du crime ; une goutte de sang.

X.

Conrad avait vu les fureurs des combats ; il avait senti dans la solitude de son cachot tout ce qu'a d'affreux pour le coupable l'attente du plus cruel supplice ; il avait été criminel et puni ; ses bras étaient encore chargés d'une chaîne qu'ils pouvaient porter à jamais : eh bien ! les combats, la perte de la liberté, le remords, rien de tout ce qu'il a éprouvé de plus terrible n'a pu le faire frisonner comme cette tache qui le glace d'horreur. Cette goutte de sang a suffi pour ternir tous les charmes de Gulnare. Conrad a vu couler le sang, il peut le voir répandre encore sans émotion ; mais c'est dans le feu d'une bataille, et par la main des hommes.

XI.

« C'en est fait, dit Gulnare ; il allait se réveiller ; il a péri. C'en est fait ; que tu me coûtes cher ! Tout discours serait vain en ce moment ; fuyons, la barque nous attend, et le jour paraît. Ceux que j'ai séduits me sont tous dévoués et viendront se joindre aux débris de ta troupe. Ma voix justifiera mon bras quand nous voguerons loin de ce rivage abhorré. »

XII.

Elle frappe des mains. A ce signal, ceux qui ont juré de lui obéir, Grecs ou Mores, accourent dans la galerie, et s'arrêtent devant elle. Conrad est délivré de ses chaînes. Le voilà redevenu libre comme le vent des montagnes ; mais une telle tristesse l'accable, qu'il semble que le poids de ses fers ait passé sur son cœur.

On observe un profond silence. A un signe de Gulnare s'ouvre une porte qui conduit au rivage par une secrète issue. On s'éloigne de la ville, on s'empresse d'arriver sur le sable où vient expirer la vague bondissante. Conrad se laisse guider. Docile aux volontés de Gulnare, il lui était comme indifférent d'être sauvé ou trahi. Toute résistance lui semblait aussi inutile que si Seyd eût encore vécu pour assouvir sa vengeance par son supplice.

XIII.

On s'embarque ; la voile se déploie au souffle d'un vent propice. Que de souvenirs divers s'offrent à la pensée de Conrad ! il demeure absorbé dans ses méditations jusqu'au détroit où s'avance comme un géant le rocher à l'abri duquel il avait jeté l'ancre. Depuis cette funeste nuit, quelques jours avaient valu pour lui un siècle de terreurs, de peines et de crimes. Au moment où l'ombre du rocher passa sur le mât de la barque, Conrad se voila la tête, et éprouva une amère douleur ; il se rappelait Gonzalve et ses compagnons, son triomphe passager et sa cruelle défaite ; il pense aussi à son amie abandonnée, et, en tournant ses yeux, il aperçoit près de lui l'homicide Gulnare.

XIV.

Elle observait les traits de son visage, et ne put supporter cet aspect glacé qui la repoussait. Des larmes tardives vinrent bannir de ses yeux un regard sombre et féroce qui leur était étranger. Elle fléchit le genou devant Conrad, et lui presse la main. « Allah m'accablerait de son courroux, que tu devrais me pardonner ! lui dit-elle. Sans ce noir attentat, que devenais-tu ? Prodigue-moi tes reproches ; mais daigne m'épargner encore pour le moment ; je ne suis point ce que je parais. Cette nuit de terreur a égaré ma raison ; modère ton âme irritée. Si je n'eusse jamais aimé, j'aurais été moins criminelle ; mais, quand même tu l'aurais voulu, tu n'aurais pas vécu pour me haïr. »

XV.

Gulnare n'a pas compris la pensée de Conrad ; il s'accuse plutôt qu'elle, et gémit d'être la cause involontaire de ses malheurs ; mais un silence profond et sombre témoigne seul les chagrins secrets qui le dévorent. Cependant le vent est favorable, la mer n'est point agitée ; les vagues azurées bouillonnent devant la proue du petit navire.

Un point est aperçu dans l'horizon lointain ; bientôt on distingue un mât, une voile et un vaisseau armé. Les hommes de quart paraissent sur le tillac, et une voile plus ample, qui s'arrondit au souffle du vent, rend sa course plus rapide. Il s'avance avec majesté, et ses flancs présentent la terreur.

Un éclat subit de lumière frappe la vue ; un boulet dépasse la barque, et glisse en sifflant sous les flots. Conrad sort tout à coup de sa rêverie ; une joie absente depuis longtemps brille dans ses yeux. « C'est bien lui, s'écrie-t-il, voilà mon pavillon rouge ; allons ! j'ai encore des amis sur l'Océan ! » Les pirates reconnaissent le signal de leur chef, et le saluent par leurs acclamations. En un instant la chaloupe est mise à la mer, et les voiles sont baissées. « C'est Conrad ! c'est Conrad ! » répètent-ils. Aucun ordre ne peut réprimer leurs transports ; c'est avec joie et orgueil qu'ils le voient monter de nouveau sur le pont de son vaisseau. Un sourire adoucit leurs physionomies sauvages, ils résistent à peine au désir de le presser dans leurs bras.

Pour lui, oubliant à demi ses dangers et sa défaite, il répond, comme le doit un chef, à l'accueil qu'il reçoit, serre la main d'Anselme, et sent qu'il peut encore commander et vaincre.

XVI.

Les premiers moments d'allégresse passés, un regret afflige les corsaires, c'est de ramener Conrad sans avoir frappé un seul coup ; ils ont mis à la voile en jurant de le venger ; s'ils eussent appris que c'était la main d'une femme qui leur avait enlevé la gloire de reconquérir leur chef, moins scrupuleux que lui, ils l'eussent proclamée leur reine. Ils se communiquent tout bas leur surprise et leur admiration avec le sourire de la curiosité, et ils examinent attentivement Gulnare. Femme à la fois au-dessus et au-dessous de son sexe, elle est troublée par leurs regards, elle que le sang n'a pas épouvantée. Elle tourne vers Conrad un œil faible et suppliant, puis baisse son voile, et se tient en silence à ses côtés. Ses bras se croisent sur ce cœur qui, depuis que Conrad est hors de danger, abandonne le reste au destin. Malgré le coup qu'elle a frappé, capable de l'extrême amour comme de l'excès de la haine, du crime comme de la vertu, elle est restée femme après avoir commis le plus noir des forfaits.

XVII.

Conrad s'en aperçoit, et éprouve à la fois (pouvait-il faire moins !) l'horreur pour son crime et la pitié pour son malheur. Des torrents de larmes n'effaceront pas ce qu'elle a fait ; le ciel la punira au jour de sa colère. Mais il n'ignore pas que c'est pour lui que le poignard a frappé, et pour lui qu'a coulé le sang ; c'est à la coupable qu'il doit sa liberté ; elle a sacrifié pour lui toutes les espérances de la terre et du ciel. Il s'approche de cette belle esclave. Son regard lui fait baisser les yeux. Qu'elle lui paraît changée et humiliée, faible et timide ! la rougeur de ses joues est remplacée à tous moments par une pâleur mortelle ; il ne reste de leur vif incarnat que cette tache d'un sang qu'a fait couler le poignard. Conrad saisit sa main ; elle tremble... Ah ! c'est trop tard ! Il presse cette main si douce au toucher de l'amour, si terrible dans les inspirations de la haine ; elle tremble ; la sienne a perdu sa fermeté, et l'accent de sa voix est altéré. Il l'appelle : « Gulnare ! » Elle ne répond rien. « Chère Gulnare ! » Elle relève ses yeux, dans lesquels on lit sa réponse, et se précipite dans ses bras : pour la repousser de cet asile, il eût fallu que son cœur fût au-dessus ou au-dessous du cœur d'un mortel ; mais, coupable ou non, il ne peut la repous-

17

ser; peut-être, sans les pressentiments dont il croit entendre la voix, la dernière vertu de Conrad serait allée joindre les autres ; mais Médora elle-même pouvait pardonner un baiser qui n'exigeait rien de plus d'une femme si belle ; le premier et le dernier que la fragilité dérobât à la constance sur des lèvres où l'amour avait exhalé son souffle le plus pur, sur des lèvres dont les soupirs interrompus répandaient un parfum que ce dieu venait de rafraîchir par l'agitation de ses ailes.

XVIII.

Ils aperçoivent, avec le crépuscule, l'île des corsaires ; les rochers semblent leur sourire ; un murmure joyeux se fait entendre dans le port ; la flamme des signaux brille sur les hauteurs ; les chaloupes plongent dans la baie ; les dauphins les poussent en se jouant à travers l'écume des flots ; l'oiseau de mer, à la voix discordante, les salue de son cri rauque et aigu ; leur imagination leur peint auprès des flambeaux les amis qui en entretiennent la clarté.

Ah! qui peut embellir le bonheur d'un retour, comme le sourire de l'espérance au milieu de l'Océan !

XIX.

Parmi les feux qui brillent sur la montagne et dans l'île, Conrad cherche la tour de Médora, mais c'est en vain ; tous remarquent avec surprise que seule elle est plongée dans l'obscurité : une lumière amie y était aperçue de loin ; peut-être est-elle voilée et non éteinte. Conrad se précipite dans la première chaloupe et accuse dans son impatience la lenteur de la rame. Que n'a-t-il les ailes rapides de l'aigle pour voler sur le sommet de la montagne ! Les rameurs se reposent un moment : Conrad ne peut attendre, il se jette dans les flots, il achève le trajet à la nage et monte par le sentier qui lui est familier.

Il arrive et s'arrête à la porte de la tour : aucun bruit n'interrompt le silence qui y règne, les ténèbres l'entourent : il frappe avec force, personne ne répond ; rien n'annonce qu'on l'ait entendu, ou qu'on le croie si près. Il frappe de nouveau, mais c'est bien faiblement : sa main tremblante refuse d'aider le désir troublé de son cœur. On ouvre : c'est un visage connu, mais non celle qu'il brûle de presser sur son cœur ; on ne lui dit rien ; lui-même sent expirer deux fois ses questions sur ses lèvres ; il saisit le flambeau qui échappe à sa main et s'éteint en tombant. Attendra-t-il qu'il soit rallumé ? il lui en coûterait autant d'attendre la clarté du jour. La lueur vacillante d'un autre flambeau jette par intervalles quelques rayons dans l'ombre du corridor ; il se précipite dans l'appartement ; il aperçoit ce que son cœur ne pouvait croire, et ce que pourtant il avait pressenti.

XX.

Conrad reste immobile et sans voix ; son morne regard se fixe sur celle qu'il aimait. Il en coûte à la douleur de s'éloigner de l'objet de ses regrets ; elle n'ose s'avouer que c'est en vain qu'elle le contemple. Médora avait été si calme et si belle que la mort s'offrait chez elle sous un aspect plus doux ; ses mains glacées tenaient des fleurs qu'elle semblait presser encore, comme si elle eût feint de dormir. On eût douté un moment qu'il fût encore temps de verser des larmes. Ses longues paupières, blanches comme la neige, voilaient ses prunelles privées du feu qui les animait. Ah! comme la mort pose surtout son empreinte sur les yeux en bannissant l'âme de ce trône de lumière !

Ils sont ternis et affaissés ces cercles d'azur ; mais la fraîcheur des lèvres de Médora est encore respectée, le sourire semble ne les avoir quittées que pour un moment. Hélas ! le linceul funèbre, les boucles tombantes de ses beaux cheveux qui s'échappaient jadis des guirlandes qui les couronnaient, pour flotter au gré des zéphyrs, la pâleur de ses joues, tout annonce que la tombe la réclame. Elle n'est plus; que fait Conrad auprès d'elle?

XXI.

Conrad n'a plus rien à demander. Le premier regard qu'il a jeté sur ce front inanimé lui a tout appris. Elle est morte ; qu'importe comment : c'est assez. L'amour de sa jeunesse, l'espoir d'un avenir plus heureux, la source de ses désirs les plus doux et de sa plus tendre sollicitude, le seul être vivant qu'il n'a pu haïr, tout lui est ravi ! Conrad mérite son sort, mais il n'en sent pas moins l'amertume. L'homme vertueux se tourne, dans ses disgrâces, vers ces régions d'où le crime est à jamais repoussé; l'orgueilleux et le méchant, qui ont fondé tout leur bonheur sur les objets d'ici-bas, et ne voient aucune douleur au-delà de la tombe, perdent tout en perdant ce qui les attache à la terre ; c'est peu de chose peut-être, mais qui peut se voir arracher avec résignation ce qui faisait son unique bonheur.

. . . .

XXII.

. . . .

XXIII.

Le cœur de Conrad, formé pour la douceur, avait été violemment entraîné aux actes criminels. Trahi de trop bonne heure et abusé trop longtemps, ses sentiments les plus purs avaient eu le sort de l'eau qui se durcit comme la grotte dans laquelle elle tombe goutte à goutte, moins claire peut-être après avoir traversé le filtre de la terre, glacée et pétrifiée. Mais enfin, bientôt la foudre vient briser le rocher miné déjà par le souffle des tempêtes ; le cœur de Conrad a été frappé d'un choc semblable.

Une fleur croissait à l'abri de ce roc escarpé, dont l'ombre l'avait protégée jusqu'à ce jour ; le même tonnerre a anéanti le roc et le lis. Cette belle plante n'a pas laissé une feuille pour dire ses malheurs ; toutes ont été flétries et consumées; et les débris de son froid protecteur sont répandus çà et là sur une plage aride.

XXIV.

L'aurore avait paru ; il est peu des compagnons de Conrad qui osent interrompre sa solitude. Anselmo se décide enfin à pénétrer dans sa tour; il n'y était plus, il n'était pas sur le rivage. On s'alarme, on parcourt toute l'île avant la nuit ; le matin suivant amène de nouvelles recherches, son nom fatigue les échos. C'est en vain qu'on visite les montagnes, les grottes, les cavernes, les vallées. On trouve sur le rivage la chaîne brisée d'une barque. L'espérance renaît, on suit ses traces sur la mer; tout est inutile ; les jours succèdent aux jours ; Conrad ne revient pas; il ne reviendra plus. Aucune nouvelle, aucun indice qui instruise de son sort, qui prouve s'il existe encore, ou si le tombeau a mis fin à son désespoir !

Ses compagnons le pleurèrent longtemps, eux seuls pouvaient le pleurer. Un monument fut élevé à son amie. Quant à lui, aucune pierre funéraire n'attesta sa mort ou la suite d'une vie qu'on ignorait.

Il laissa au temps à venir le nom d'un corsaire chargé de mille crimes, à qui il restait une vertu.

LE SIÉGE DE CORINTHE[1].

I.

Les années et les siècles, le souffle des tempêtes et les fureurs des batailles ont passé sur Corinthe ; elle est encore debout, forteresse élevée pour la liberté. Les coups de l'ouragan, les tremblements de la terre, n'ont pu ébranler son rocher antique, pierre centrale d'une terre qui, quoique déchue, a conservé toute sa fierté sur cette limite opposée à la double mer dont les flots de pourpre semblent prêts à se combattre, mais viennent en rampant déposer leur colère à ses pieds. Si tout le sang répandu sur ses bords depuis le jour où Timoléon fit couler celui de son frère jusqu'à la honteuse déroute du despote des Perses, si tout le sang dont fut abreuvée cette terre pouvait en rejaillir tout à coup, ce nouvel océan inonderait l'isthme qui se prolonge au loin dans la mer. Ou, si l'on pouvait réunir et amonceler les ossements blanchis de tous ceux que la guerre y a moissonnés, on verrait s'élever à travers les cieux une pyramide plus haute que le mont Acropolis, dont la cime couronnée de tours semble se perdre dans les nuages.

II.

Vingt mille lances étincellent sur le mont Cithéron ; et depuis les hauteurs jusqu'au double rivage s'élèvent les tentes des guerriers ; le croissant brille le long des rangs des musulmans en bataille. Chaque corps de Spahis est sous les ordres d'un pacha à la longue barbe, et, aussi loin que l'œil peut atteindre, on aperçoit des cohortes en turban. Le chameau de l'Arabe fléchit le genou, le Tartare fait caracoler son coursier, le Turcoman a quitté son troupeau pour ceindre le cimeterre, et le tonnerre de l'artillerie semble imposer silence au mugissement des flots. La tranchée est ouverte ; le boulet, messager de la mort, s'échappe avec un sifflement de son tube d'airain, et va ébranler les remparts de la ville, qui s'écroulent peu à peu. Mais les assiégés savent répondre aux attaques des infidèles, et leur envoyer aussi le trépas au milieu des nuages de fumée et de poussière.

III.

Quel est ce guerrier qui est toujours le premier aux assauts? Plus habile dans l'art fatal des batailles qu'aucun des adorateurs d'Allah, superbe et farouche comme un chef accou-

---

[1] Il s'agit du siège de 1715.

tumé à commander à la victoire, il parcourt tous les postes, toujours prêt à quelque exploit nouveau ; il pousse son coursier partout où l'action est le plus sanglante. S'il aperçoit une batterie vaillamment défendue, il met pied à terre et ranime le courage du soldat qui fléchit : c'est le plus terrible de tous les guerriers qui font l'orgueil du sultan de Stamboul ; soit qu'il marche à la tête des bataillons, soit que sa main pointe le tube meurtrier, qu'elle s'arme de la lance ou qu'elle fasse décrire un cercle à son large cimeterre. — C'est Alp, le renégat de l'Adriatique.

IV.

Il reçut le jour à Venise, où il compte d'illustres ancêtres ; mais, exilé de sa patrie, il tourna contre elle la science militaire qu'il avait apprise de ses compatriotes, et aujourd'hui son front rasé est ceint d'un turban. De révolutions en révolutions, Corinthe et la Grèce avaient fini par obéir aux lois de Venise. Au milieu des ennemis de la chrétienté, Alp était enflammé de cette fureur qu'éprouvent ceux à qui le souvenir d'une sanglante injure a fait embrasser un culte nouveau. Venise a cessé d'être pour lui Venise *la libre*, titre dont ses citoyens étaient si fiers. Des délateurs, trop lâches pour se nommer, avaient déposé dans la gueule du lion de Saint-Marc l'accusation qui le fit proscrire : il eut le temps de fuir et de sauver des jours destinés aux combats. Il apprit à sa patrie ce qu'elle perdait en rejetant de son sein un homme qui, faisant triompher le croissant sur la croix, ne cherchait que la vengeance ou la mort.

V.

Coumourgi commande l'armée musulmane : c'est lui qui plus tard orna le triomphe d'Eugène, lorsque, tombant dans la plaine sanglante de Carlowitz, le dernier et le plus terrible des vaincus, il mourut sans regretter la vie, mais en maudissant la victoire des chrétiens. Hélas ! la gloire de Coumourgi, du conquérant de la Grèce, ne sera-t-elle pas entière, tant que les adorateurs du Christ ne rendront pas à la patrie des héros la liberté qu'elle dut jadis à Venise ? Des siècles se sont écoulés depuis qu'il a soumis les Grecs au croissant.

Alp avait reçu de Coumourgi le commandement de l'avant-garde. Des villes réduites en cendres justifient cette confiance ; et les coups mortels que porte son bras sont les garants de sa fidélité à sa nouvelle religion.

VI.

De jour en jour les remparts sont ébranlés ; la grêle brûlante de l'artillerie ennemie tombe sur les créneaux ; les couleuvrines en feu tonnent sans relâche ; par intervalles, la bombe fait explosion sur quelque dôme de Corinthe. L'édifice s'affaisse avec fracas sous le globe volcanique ; la flamme s'en échappe en colonnes rouges et tournoyantes, ou, divisée en innombrables météores, va s'étendre dans l'espace des cieux. Les nuages s'épaississent d'une noire fumée, et le soleil ne peut percer de ses rayons les vapeurs de soufre qui cachent son disque à la terre.

VII.

Mais ce n'est pas la vengeance seule qui anime le renégat, lorsqu'il apprend aux musulmans l'art de s'ouvrir le chemin de la brèche. Dans les murs de Corinthe il est une vierge qu'il espère enlever à un père inexorable, qui dédaigna de l'accepter pour gendre

18

pendant qu'il portait un nom chrétien. Aux jours plus heureux de sa jeunesse, libre de toute accusation, plein d'une aimable gaieté, dans sa gondole ou dans les salons, il se livrait alors aux plaisirs du carnaval, et donnait sur l'Adriatique les sérénades les plus mélodieuses qui aient jamais été adressées à une beauté italienne dans le silence de la nuit.

VIII.

On croyait que Francesca n'avoit pas été insensible aux soins de cet amant; car, recherchée par tous les nobles Vénitiens, sa main ne s'était point engagée dans les chaînes de l'hymen; et, lorsque Lanciotto l'eut fuie au rivage musulman, le sourire n'embellit plus les lèvres de la jeune fille. Elle devint pâle et pensive, alla plus souvent prier dans les temples, et ne parut que rarement aux fêtes et aux bals, où ses yeux baissés témoignaient son indifférence pour les cœurs dont ils faisaient la conquête. Elle cessa de se distinguer par l'élégance de sa parure; sa voix perdit sa douce vivacité; ses pieds étaient moins légers dans les danses, que tant d'autres interrompaient à regret quand le matin venait les surprendre.

IX.

Pendant que Sobieski humiliait l'orgueil du croissant sous les remparts de Bude et sur les bords du Danube, les généraux vénitiens avaient arraché à l'empire de Constantinople toute la contrée qui s'étend depuis Patras jusqu'à la mer d'Eubée. Chargé de représenter le doge dans ces climats, Minotti avait été envoyé à Corinthe, lorsque la paix, longtemps exilée de la Grèce, commençait à sourire à ce malheureux pays. La trève perfide, dont la rupture fut le signal pour chasser les chrétiens, durait encore lorsque Minotti était arrivé avec sa fille. Depuis le temps où l'épouse de Ménélas, abandonnant son roi et sa patrie, apprit aux mortels quels malheurs poursuivent les amours adultères, aucune beauté n'avait paru dans la Grèce, qui pût le disputer à la divine Francesca.

X.

Le rempart est ruiné, la brèche est ouverte; c'est demain au lever de l'aurore que les Turcs, réunissant leurs efforts, doivent donner un dernier assaut à cette masse de pierres déjointes. On assigne à chacun son poste : au premier rang sont ceux qui ont le plus d'espérance, nommés à tort les désespérés, corps d'élite composé de Tartares et de musulmans, méprisant jusqu'à la pensée de la mort, et sachant s'ouvrir avec le cimeterre un passage à travers les rangs ennemis; ou, s'ils succombent, faisant de leurs cadavres un marchepied au guerrier appelé à mourir le dernier.

XI.

Il est minuit, le disque arrondi de la lune brille froidement sur le Cythéron; l'océan déroule ses vagues d'azur; la voûte des cieux est parsemée d'étoiles semblables à des îles de lumière au milieu d'un autre océan suspendu sur nos têtes. Qui peut les contempler et ramener ses regards sur la terre sans éprouver un triste regret, et sans désirer des ailes pour prendre l'essor et se confondre parmi leurs clartés immortelles?

Le calme régnait sur les flots dont l'écume ébranlait à peine les cailloux du rivage, et dont le murmure ressemblait à celui d'un ruisseau : les vents dormaient sur les vagues; les bannières cessaient de flotter, et au-dessus des lances qu'elles entouraient de leurs plis affaissés étincelait le signe du croissant.

La voix des sentinelles troublait seule par intervalles le silence; souvent aussi le coursier faisait entendre ses fiers hennissements que répétait l'écho des collines. Mais un murmure sourd, semblable au frémissement du feuillage, s'éleva dans le camp réveillé tout à coup : c'était la voix du muezzin qui invitait l'armée à la prière de minuit. Cette voix retentit comme le chant solennel d'un génie dont les accents respirent une harmonie douce et mélancolique : tels des sons vagues et prolongés, inconnus dans la musique des hommes, s'échappent d'une harpe solitaire dont les cordes sont rencontrées par le souffle des vents. Elle parut aux guerriers de Corinthe le cri prophétique de leur défaite; les assiégeants eux-mêmes frémirent, comme frappés d'un de ces pressentiments inexplicables qui saisissent soudain le cœur, le glacent d'effroi, et le font aussitôt palpiter avec violence, honteux de sa terreur involontaire. C'est ainsi que le glas de la cloche nous fait tressaillir alors même qu'elle n'annonce que la pompe funèbre d'un inconnu.

XII.

La tente d'Alp était dressée sur le rivage : la prière était terminée, tout bruit avait cessé; il avait placé ses sentinelles, il avait fait sa ronde; tous ses ordres étaient donnés et exécutés. Encore une nuit d'inquiétudes; demain la vengeance et l'amour vont lui payer avec usure le retard de leurs promesses. Quelques heures encore, et le carnage va commencer : il aurait besoin de repos pour s'y préparer, mais les pensées se pressent dans son âme, comme les vagues agitées par l'orage. Alp est seul debout dans le camp. Ce n'est pas l'enthousiasme du fanatisme qui le fait soupirer après le jour où il arborera le croissant sur les tours de Corinthe; s'il va risquer sa vie, ce n'est pas dans l'espoir de l'immortalité et des houris célestes promises par le prophète; il ne sent point ce feu brûlant du patriotisme, ce courage exalté qui inspire le citoyen heureux de prodiguer son sang et de braver tous les dangers pour sa terre natale. Alp n'est qu'un renégat armé contre sa patrie : seul au milieu de sa troupe, il n'a ni un cœur, ni un bras auquel il puisse se fier. On le suit parce qu'il est brave et qu'il enrichit ses soldats des dépouilles des vaincus; on rampe devant lui, parce qu'il connaît l'art de subjuguer les esprits vulgaires; mais son origine chrétienne ne lui est pas encore pardonnée : on jalouse jusqu'à la gloire coupable qu'un chrétien acquiert sous un nom musulman; on n'a pas oublié que ce chef si redoutable a été dans sa jeunesse un des plus grands ennemis de Mahomet.

Ces barbares ignoraient ce que peut l'orgueil quand il a su étouffer tous les autres sentiments. Ils ignoraient combien la haine change et endurcit les cœurs les plus tendres, et quel est le fanatisme de ceux que le besoin de se venger a convertis à une nouvelle croyance. Ils obéissent cependant : il est facile de gouverner des hommes féroces, quand on sait être plus audacieux qu'eux-mêmes. Tel est l'empire du lion sur le chacal. Le chacal découvre les traces de la proie; l'amène sous la griffe du lion, qui l'immole, s'en repaît, et lui abandonne les restes du carnage.

XIII.

La tête d'Alp était brûlante, les battements de son cœur étaient convulsifs. C'est en vain qu'il cherche une position favorable au sommeil; le repos le fuit, ou, s'il sommeille un moment, soudain il se réveille en sursaut avec un cœur oppressé. Le turban serre douloureusement son front, et sa cotte de mailles pèse comme un plomb sur son cœur : cependant le sommeil a souvent fermé ses paupières, quoiqu'il fût comme aujourd'hui couché tout armé sans coussin ni pavillon, même sur une terre plus rude et sous un ciel moins pur. Il appelle en vain le repos : il ne peut attendre le jour dans sa tente et va porter ses pas sur le sable du rivage où des milliers de soldats étaient paisiblement endormis. Sont-ils donc plus mollement couchés? Pourquoi Alp ne goûte-t-il pas un sommeil accordé aux derniers de ses soldats? leurs périls sont plus nombreux que ceux de leur chef, leurs travaux sont plus pénibles! cependant ils rêvent en paix le butin qui leur est promis, et, seul au milieu de ces malheureux, qui dorment peut-être pour la dernière fois, Alp promène sa cruelle inquiétude, et envie le sort de tous ceux qui s'offrent à ses regards.

XIV.

Il sentit son âme un peu soulagée par la fraîcheur de la nuit. L'air était doux, malgré le calme, et une pure rosée versait un baume sur son front. Il a dépassé le camp... il aperçoit devant lui la baie et les anses irrégulières du golfe de Lépante. Sur le sommet des montagnes de Delphes brille une neige respectée par les étés. Les siècles ne l'anéantiront pas comme ils anéantissent la race humaine! Les tyrans et les esclaves disparaissent devant les rayons du soleil, plus fragiles que ce léger voile blanc qui couvre à jamais les hauteurs des monts, et qui survit aux arbres et aux tours ambitieuses. Cette neige immortelle semble un drap mortuaire que la liberté a étendu sur sa terre chérie, avant d'en être exilée! Quittant avec regret ces lieux où son génie prophétique inspirait les chants de gloire des héros, elle s'éloigne en pleurant, et ralentit ses pas toutes les fois qu'elle foule des champs incultes ou ses autels renversés. Elle est prête à appeler les enfants des Grecs en leur montrant les glorieux trophées de leurs pères : hélas! sa voix est impuissante; il ne reviendra pas encore ce jour d'éternelle mémoire qui éclaira la déroute des Perses, et vit sourire le Spartiate expirant!

XV.

Malgré sa criminelle trahison, Alp n'avait pas perdu le souvenir de ces temps illustres. Il compare dans son esprit le passé et le présent; il pense à la mort glorieuse de ceux qui avaient versé leur sang pour une meilleure cause sur cette même terre où il porte ses pas errants. Il sent combien elle sera faible et souillée la gloire que peut acquérir un traître qui commande une armée en turban et dont les triomphes sont des sacrilèges. Tels n'étaient point ces héros dont les cendres dorment autour de lui. Leurs phalanges avaient combattu dans ces mêmes lieux, dont les remparts n'étaient point alors inutiles. Ils furent victimes de leur dévouement; mais ils ne peuvent mourir: la brise semble soupirer leurs noms, et les eaux murmurer leurs exploits; les bois sont remplis de leur gloire. La colonne, qui élève encore sa tête solitaire, s'enorgueillit d'appartenir à leur poussière sacrée; leurs ombres habitent les montagnes, leur mémoire se retrouve encore dans les fontaines : le plus modeste ruisseau, le fleuve superbe, ont associé leur renommée à leurs ondes. Malgré le joug qu'elle porte, cette terre sera toujours leur patrie et celle de la gloire. L'homme qui veut illustrer son nom par un noble exploit se tourne vers la Grèce, et, fier de l'exemple de ses héros, il ose fouler aux pieds la tête des tyrans, et vole aux combats pour mourir ou être libre.

XVI.

Alp rêvait en silence sur le rivage, bénissant la douce fraîcheur de la nuit. Aucune agitation ne trouble les vagues de cette mer qui s'écoule éternellement sans flux ni reflux.

Quelle que soit la fureur des flots soulevés, ils dépassent à peine de quelques coudées la limite qui les arrête, et la lune impuissante les voit affranchis de son influence. Que le temps soit calme ou que l'orage gronde, le rocher, fier sur sa base inébranlable, défie la houle mugissante qui ne peut venir jusqu'à lui. La trace blanchâtre de l'écume est la même depuis des siècles; à peine si une courte plage de sable la sépare du gazon du rivage.

Alp erre sur la grève et s'approche des murs, d'où il pourrait être atteint; mais il n'est pas aperçu. Comment peut-il échapper aux carabines de l'ennemi? des traîtres seraient-ils parmi les chrétiens? leurs mains se sont-elles desséchées? Le froid a-t-il glacé leurs cœurs? Je l'ignore, mais aucune balle partie des murailles ne vint siffler sur la tête du renégat, quoiqu'il fût à deux pas du bastion qui flanquait la porte du côté de la mer, quoiqu'il entendît le bruit du corps-de-garde et distinguât même les paroles brusques des sentinelles frappant le pavé d'un pas mesuré. Il voit sous les remparts des chiens affamés qui dévorent en grondant les cadavres gisants çà et là. Ils sont trop occupés de leur proie pour songer à le poursuivre de leurs aboiements. Ils avaient dépouillé la tête d'un Tartare de toutes ses chairs, comme on enlève la peau du fruit mûr du figuier; leurs blanches dents se heurtaient avec bruit sur le crâne plus blanc encore qui glissait hors de leurs mâchoires émoussées, et ils pouvaient à peine soulever leur gueule assouvie. Alp reconnut, aux turbans qui roulaient sur le sable, que c'étaient les plus braves de sa troupe qui servaient ainsi de pâture à ces animaux affamés. Les shawls qui avaient entouré le front de ces guerriers étaient d'une couleur verte mêlée d'écarlate, et sur leur tête rasée restait une seule touffe de cheveux. Sur le rivage un vautour frappait de son aile un loup qui avait dérobé aux oiseaux de proie les restes d'un cheval, et que la présence des chiens avait empêché d'aller se repaître de cadavres.

XVII.

Alp détourna la vue de ce spectacle hideux. Jamais son cœur n'avait frémi au milieu des dangers d'une bataille; mais il eût mieux supporté l'aspect d'un guerrier qui expire dans les flots de son sang, dévoré par la soif brûlante de l'agonie, que de voir des animaux féroces déchirer les cadavres des malheureux désormais affranchis de toutes les douleurs. Il est un sentiment d'orgueil que nous inspire le signal des combats; quelle que soit la forme sous laquelle la mort s'avance, la gloire est là pour proclamer le nom de ceux qui succombent, et l'honneur a l'œil ouvert sur les exploits du courage: mais quand tout est fini, il est pénible de fouler aux pieds les corps de ceux qui attendent encore un tombeau, et de voir les vers de la terre, les oiseaux de proie et les animaux féroces venir se disputer la dépouille de l'homme, et se réjouir de son trépas.

XVIII.

Non loin de là un temple antique couvrait le sol de ses ruines: deux ou trois colonnes étaient encore debout, et le gazon et la mousse croissaient sur le marbre et sur le granit. Tel est le Temps inexorable! Il ne respectera pas plus l'avenir que le passé, laissant toujours assez de débris pour nous faire gémir sur ce qui fut et sur ce qui sera. Ce que nous avons vu, nos enfants le verront comme nous: les restes des monuments qui ne sont plus, et les fragments des pierres élevées par la main des hommes mortels.

XIX.

Alp s'assit sur la base d'une colonne, et passa sa main sur son front, comme un homme

19

qui rêve douloureusement : sa tête était penchée sur son cœur agité d'un battement convulsif ; sa main errait vaguement sur son visage, comme celle du musicien qui parcourt
sans ordre le clavier d'ivoire avant d'avoir trouvé le son qu'elle veut réveiller. Tristement
absorbé en lui-même, il crut entendre le souffle du vent de la nuit, semblable à un soupir tendre et mélancolique : mais est-ce bien le vent qui gémit dans les fentes de quelque
rocher ? Alp relève la tête et regarde la mer, elle était polie comme la surface du verre ;
il regarde le gazon, rien n'en fait courber la tige mobile : d'où vient ce son si doux ? Il
porte ses yeux sur les bannières ; rien n'en fait balancer les plis ; et les feuilles des bois du
Cythéron ne sont point agitées ; lui-même ne sent pas sur son visage l'impression du souffle qu'il a entendu. Il détourne la tête : est-il sûr de ce qu'il voit ? c'est une vierge éclatante de jeunesse et de beauté.

XX.

Il tressaille avec plus de terreur qu'il n'en éprouverait à l'approche d'un ennemi. « Dieu
de mes pères ! s'écrie-t-il, que vois-je ! qui es-tu ? d'où viens-tu ? que viens-tu faire si
près d'un camp musulman ? » Ses mains tremblantes refusent de tracer le signe de la croix,
qui a cessé d'être pour lui le gage sacré du salut. Il eût obéi à cette première impulsion,
c'est la conscience qui l'arrête. Il regarde, il voit, il reconnaît ce visage si beau, cette taille
gracieuse : c'est Francesca qui est auprès de lui, Francesca qui aurait pu être son épouse.

Les roses brillaient encore sur ses joues, mais leur coloris était plus pâle. Où donc
avaient fui le mouvement gracieux de ses lèvres et le sourire qui en embellissait l'incarnat ? L'azur de l'océan, dont la surface est si calme, a bien moins de douceur que le
bleu céleste de ses yeux ; mais sa prunelle est immobile comme les vagues, et son regard
est glacé. Une gaze légère voilait à peine son sein blanc comme le lis, et à travers sa chevelure éparse Alp découvre les élégants contours de ses bras. Avant d'adresser la parole à
son amant, elle leva vers le ciel une main si pâle et si transparente, qu'on aurait aperçu
la lune à travers.

XXI.

« J'ai quitté, dit-elle, les lieux de mon repos, et je viens à celui que j'aime, pour être
heureuse et faire aussi son bonheur. J'ai franchi les murs, les portes et les rangs des sentinelles ; je suis parvenue jusqu'à toi, sans rien craindre. On dit que le lion fuit à l'aspect
d'une vierge qui n'a pour défense que sa pudeur ; et le Dieu qui protége l'innocence contre le tyran des forêts a daigné dans sa miséricorde me préserver de tomber entre les mains
des infidèles. Je viens à toi ; si c'est en vain, jamais nous ne serons réunis ! jamais ! Tu as
commis un crime odieux en abandonnant la foi de tes pères ; mais foule aux pieds ce turban
sacrilége, fais le signe sacré de la croix, et tu es à moi pour toujours : efface la tache qui
souille ton cœur, et le jour de demain nous réunit pour n'être plus séparés.

« — Et où serait dressé notre lit nuptial ? répondit Alp. Au milieu des morts et des mourants ; car c'est demain que nous livrons au carnage et aux flammes les enfants et les autels des chrétiens : toi seule et les tiens, vous serez épargnés, j'en ai fait le serment ; je te
transporterai dans un asile fortuné où l'hymen nous unira et où nos chagrins seront tous
oubliés : c'est là que tu deviendras mon épouse aussitôt que j'aurai encore une fois humi-
lié l'orgueil de Venise, et que ses citoyens abhorrés auront vu ce bras, qu'ils voudraient
avilir, châtier avec un fouet de scorpions ceux qu'une lâche jalousie a rendus mes ennemis. »

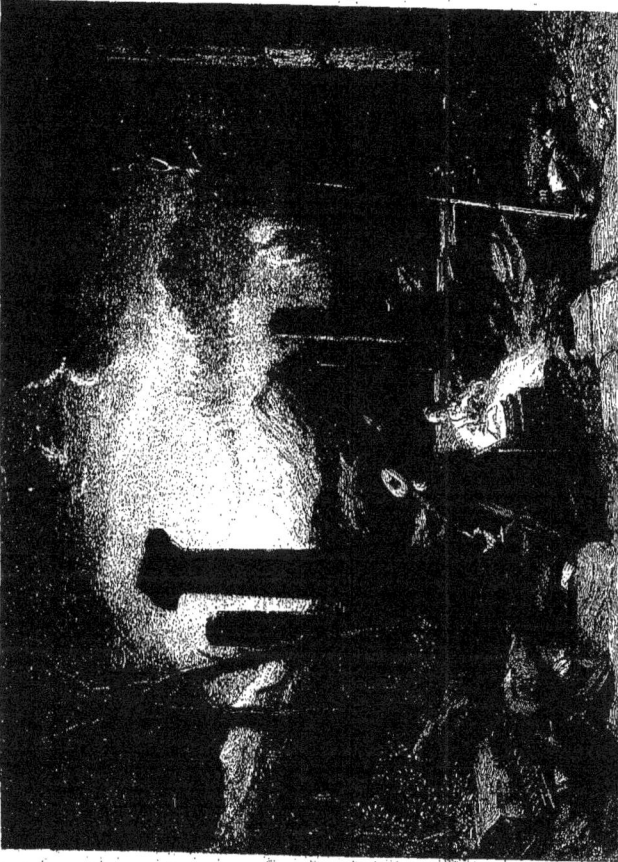

Francesca posa sa main sur la sienne ; l'impression en fut à peine sensible, mais il frémit jusqu'aux os. Son cœur se glaça, et il demeura immobile de stupeur ; à peine si la main froide de Francesca retenait celle d'Alp ; mais il eût essayé vainement de la repousser, et jamais l'étreinte d'une main si chère ne communiqua une semblable émotion de terreur. L'ardeur brûlante de son front avait cessé, et son cœur semblait pétrifié, lorsque, contemplant les traits de celle qu'il aimait, il reconnut combien les couleurs de son teint étaient changées. Elle était encore belle, mais sans expression, et privée de ce rayon céleste qui anime la physionomie, comme le soleil fait briller les vagues dans un beau jour. Ses lèvres étaient immobiles comme la mort, et ses paroles s'échappaient de ses lèvres sans être accompagnées de son souffle. Son sein n'était point soulevé par une douce respiration, et le sang paraissait ne plus couler dans ses veines ; malgré l'éclat dont ses yeux étincelaient, ses prunelles fixes ne renvoyaient que des regards égarés, comme les yeux de l'homme endormi qu'un songe fait errer loin de sa couche. Telles on voit les sombres figures d'une tapisserie, agitées par le souffle de la bise : ces personnages inanimés, mais qui paraissent vivants, épouvantent la vue, à la lueur d'une lampe mourante. On croirait, dans les ténèbres, qu'ils sont près de se détacher de la muraille, et qu'ils vont çà et là toutes les fois que le vent ébranle la toile.

« — Si tu croyais, ajouta Francesca, faire trop pour l'amour de moi, que ce soit du moins pour l'amour du ciel ! Je le répète, rejette ce turban loin de ton front infidèle, et jure d'épargner les enfants de ta patrie ; sinon tu es perdu ; tu ne verras plus... je ne dis pas la terre, qui n'existe plus pour toi... mais le ciel et ta Francesca. Si tu te rends à ma prière, et qu'un sort cruel soit cependant ton partage, ce sera un moyen d'expier une partie de tes crimes. La porte des miséricordes peut encore s'ouvrir pour toi ; réfléchis un moment ; prépare-toi à la malédiction du Dieu que tu trahis ; porte un dernier regard vers le ciel, et vois-le prêt à se fermer à jamais. Regarde ce léger nuage auprès de la lune : il va bientôt l'avoir dépassée. Eh bien ! si, lorsque ce voile vaporeux aura cessé de nous dérober son disque, ton cœur n'est pas changé, Dieu et l'homme seront vengés l'un et l'autre : ta sentence sera terrible, plus terrible encore ton éternité de malheur. »

Alp leva les yeux, et reconnut dans la voûte céleste le nuage que lui montrait Francesca ; mais son cœur était ulcéré et son orgueil inflexible ; cette funeste passion entraînait toutes les autres comme un torrent. Alp demanderait grâce ! il serait effrayé par les paroles d'une fille timide ! oubliant les injures de Venise, il jurerait d'épargner ses enfants dévoués à la tombe ! Non ; quand ce nuage serait plus terrible que celui qui renferme le tonnerre et qu'il serait destiné à l'anéantir... qu'il éclate !

Alp fixe ses regards sur ce signe menaçant, sans répondre un seul mot ; le nuage est passé, et la lune vient frapper pleinement sa vue. « Quel que soit mon destin, dit-il alors, je ne sais point changer : il est trop tard... Que le roseau battu par l'orage tremble, plie et se relève encore : le chêne doit se briser. Je reste ce que Venise a voulu que je fusse, son ennemi en tout, excepté dans mon amour pour toi. Mais n'es-tu pas en sûreté avec ton amant ? Francesca, fuyons ensemble. » Il tourne la tête : Francesca n'est plus auprès de lui ; il n'aperçoit que le marbre de la colonne. A-t-elle disparu sous la terre ? s'est-elle évanouie dans les airs ? il ne la voit plus et ne sait que penser.

XXII.

La nuit a fui, et le soleil brille comme s'il allait éclairer un jour de fête. L'aurore se dépouille peu à peu du noir manteau des ténèbres ; tout annonce une chaleur accablante. Les tambours et les trompettes retentissent, les bannières se déploient avec bruit et flottent au bout de leurs piques ; on entend le hennissement des coursiers, le tumulte de l'armée et les cris : Aux armes, aux armes ! Les étendards des pachas sont portés à la tête de leurs troupes ; les cimeterres sont tirés du fourreau, l'armée est rangée en bataille et n'attend plus que le signal. Tartares, Spahis, Turcomans, accourez à l'avant-garde ; cavaliers, gardez les défilés, entourez la plaine, rendez la fuite inutile à ceux qui voudront s'échapper de la ville ; qu'aucun chrétien, enfant ou vieillard, n'évite le sort qui l'attend. Les fantassins cependant vont répandre le carnage sur la brèche et pénétrer dans Corinthe.

Les coursiers mordent leurs freins en frémissant, ils relèvent fièrement leur crinière flottante ; le mors est couvert d'une blanche écume. Les lances sont levées, les mèches sont allumées, le canon est pointé sur la ville, prêt à vomir la mort et à renverser ces remparts qu'il a déjà ébranlés. Les phalanges de janissaires marchent sous les ordres d'Alp. Son bras droit est nu comme la lame de son cimeterre. Le khan et les pachas sont tous à leur poste ; le visir lui-même est à la tête de l'armée. Lorsque la couleuvrine aura donné le signal, qu'on s'avance, qu'on n'accorde la vie à aucun habitant de Corinthe, qu'on ne laisse aucun prêtre à ses autels, aucun chef dans ses palais, aucun foyer dans ses maisons, aucune pierre sur ses remparts. Dieu et le Prophète ; Allah hu ! Que ce cri retentisse jusqu'aux nues !

« Voilà la brèche, s'écrie Coumourgi ; voilà les échelles pour franchir les murailles ! vos sabres sont dans vos mains : pourriez-vous n'être pas vainqueurs ? Celui qui abattra le premier l'étendard de la croix pourra former le désir qu'il voudra ; rien ne lui sera refusé. »

Ainsi parle le vaillant visir : on lui répond en brandissant les lances et par les exclamations d'une armée remplie d'un enthousiasme bouillant... Silence ! le signal est donné.

XXIII.

Tel on voit un troupeau de loups affamés se précipiter sur un buffle redoutable, malgré le feu que lancent ses yeux et les rugissements de sa colère : c'est en vain qu'il foule aux pieds ou fait voler dans les airs, avec ses cornes sanglantes, ceux qui osent l'attaquer les premiers ; tels les musulmans marchent aux remparts ; tels les plus audacieux succombent sous les coups des assiégés. Une foule de leurs guerriers couvre la terre ; leur cotte de mailles est brisée comme le verre par le plomb meurtrier qui creuse encore le sol sur lequel ils sont étendus ; des bataillons entiers sont renversés, semblables aux épis de blé que la faux du moissonneur a couchés sur les sillons.

XXIV.

Ainsi qu'un rocher, longtemps sapé par les torrents d'hiver, voit tout à coup d'énormes fragments, détachés de sa base, rouler dans les flots avec le fracas du tonnerre, et semblables à l'avalanche qui se précipite dans les vallées des Alpes, les habitants de Corinthe, affaiblis par un long siége, succombèrent aux assauts répétés des troupes musulmanes. Leur résistance fut terrible ; mais ils furent accablés par les infidèles, et tombèrent, serrant toujours leurs rangs et sans reculer.

La mort seule était muette sur ce théâtre de carnage : les coups de ceux qui donnent le trépas, les plaintes des vaincus, les cris de la victoire, se mêlent au tonnerre de l'artillerie. Les villes voisines écoutent avec inquiétude ce bruit, qui vient jusqu'à elles ; elles ignorent si la fortune sourit à leurs alliés ou à leurs ennemis, si elles doivent s'affliger ou se réjouir de ces cris effrayants que les échos des montagnes se renvoient avec un son terrible. Salamine et Mégare, le Pirée même, dit-on, entendirent le bruit de cette fatale journée.

XXV.

Les sabres sont teints de sang depuis la pointe jusqu'à la garde; la ville est prise et le pillage commence. Des cris plus aigus sortent des maisons où les soldats cherchent du butin; on entend les pas précipités des fuyards, glissant dans les ruisseaux de sang qui inondent les rues. Mais çà et là, toutes les fois qu'ils trouvent une position favorable, les assiégés se réunissent en groupes de dix ou de douze guerriers, s'arrêtent contre une muraille, résistent encore aux ennemis, frappent des coups mortels, et tombent eux-mêmes les armes à la main. Dans un de ces groupes on remarquait un vieillard en cheveux blancs, mais dont le bras était encore plein de force et de vaillance; il soutenait si bravement l'attaque de ceux qui osaient approcher, que les corps des Turcs qu'il avait immolés formaient un demi-cercle devant lui; il n'avait pas encore été blessé, et, quoiqu'il battît en retraite, on ne pouvait parvenir à l'entourer. Plus d'une cicatrice attestait, sous son armure, que depuis longtemps il connaissait les dangers; mais toutes ses blessures avaient été reçues dans d'autres combats. Malgré son grand âge, il était assez robuste pour le disputer aux plus jeunes guerriers; les ennemis qui n'osaient l'approcher étaient plus nombreux que ses cheveux blancs. Son sabre priva plus d'une mère d'un fils qui n'était pas encore né lorsque Minotti avait versé pour la première fois le sang des adorateurs d'Allah. Privé lui-même du sien depuis longtemps, sa douleur avait été funeste à plus d'un père. Si les ombres s'apaisent par le carnage, l'ombre de Patrocle eut moins de victimes immolées à son repos que le fils de Minotti, qui mourut dans les lieux qui séparent l'Asie de l'Europe. Il fut enseveli sur le même rivage où tant de guerriers avaient trouvé leur tombeau pendant des siècles. Que reste-t-il pour nous apprendre la mort de ces héros et le lieu de leur sépulture? Aucune pierre funéraire : leurs cendres sont dispersées; mais la poésie leur assure l'immortalité.

XXVI.

J'entends retentir le cri d'Allah! c'est une troupe des musulmans des plus braves et des plus déterminés qui s'avance. Le bras nerveux de leur chef est nu jusqu'à l'épaule. Ce bras qui les guide est toujours prêt à frapper. C'est à ces coups qu'on le connaît dans les combats. D'autres se distinguent par une brillante armure, pour tenter l'ennemi par l'espoir d'une précieuse dépouille; d'autres ont une épée avec une garde plus riche : aucun ne porte une lame plus redoutable. Ce n'est pas à un turban superbe qu'Alp veut être reconnu; c'est à son bras nu et sanglant : allez au plus fort de la mêlée, c'est là que vous le trouverez. Aucun étendard musulman n'entraîne les delhis si loin. Il brille comme un météore. Partout où ce bras redouté est aperçu, les guerriers les plus courageux combattent, où combattaient il n'y a qu'un instant. C'est là que le lâche demande en vain la vie au Tartare inexorable, ou que le héros meurt en silence, dédaignant de gémir en succombant, et cherche encore à frapper un dernier coup, oubliant sa faiblesse pour s'attacher à la terre ensanglantée.

XXVII.

Le vieux Minotti résistait encore, Alp s'arrête et lui crie :

20

« Rends-toi, Minotti, pour te sauver avec ta fille.

» — Jamais, traître, renégat, jamais, quand la vie que je recevrais de toi serait » éternelle.

» — Francesca, amante chérie! faut-il qu'elle soit victime de ton orgueil ?

» — Elle est en sûreté.

» — Où donc?

» — Dans le ciel fermé à ton âme perfide; elle est loin de toi, parmi les vierges » saintes ! »

Minotti sourit avec une cruelle joie en voyant à ces mots Alp chancelant et près de tomber comme si une main ennemie l'eût frappé tout à coup.

« O ciel ! s'écria-t-il, depuis quand n'est-elle plus?

» — Depuis hier, répond Minotti, et je ne pleure pas sa mort; aucun de mes enfants ne sera dans les fers de Mahomet ou dans ceux d'un apostat. Approche et défends-toi. »

Ce défi est porté en vain ; Alp n'est déjà plus au nombre des vivants. Pendant que les paroles cruelles de Minotti servaient mieux sa vengeance que ne l'aurait fait la pointe de son épée, s'il avait eu le temps de l'enfoncer dans le cœur du traître, une balle partie d'un portique voisin, où quelques braves désespérés défendaient encore une église, avait renversé Alp.

Avant qu'on pût voir couler le sang de la blessure qui termina ses jours, il chancelle et tombe. Un éclair jaillit de ses yeux, et bientôt les ténèbres couvrent son cadavre palpitant ; il ne lui reste de la vie qu'un frémissement passager qui agite encore ses membres étendus sur la terre. On essaie de le relever : son sein et son front étaient souillés de poussière et de sang, et de noirs caillots s'échappaient de ses lèvres livides; son pouls est sans mouvement; on n'a pas entendu son dernier soupir ; aucune parole, aucun sanglot convulsif n'a signalé son passage de la vie à la mort. Avant même que sa pensée ait eu le temps de prier, son âme a abandonné son corps sans espérance du pardon céleste : il est mort renégat.

XXVIII.

Les clameurs des ennemis d'Alp se mêlent à celles de ses soldats; ceux-ci poussent des cris de fureur, et les premiers des cris de triomphe ; le combat recommence, les épées et les lances se croisent ; et les guerriers roulent dans la poussière. Minotti défend vaillamment chaque pouce de terrain qu'il est forcé de céder dans la ville confiée à ses ordres; les débris de sa troupe dévouée unissent leurs efforts aux siens. On peut encore se retrancher dans l'église, de laquelle est partie la balle qui a vengé à demi les vaincus par la mort du renégat; Minotti et les siens s'y réfugient, laissant après eux un ruisseau de sang : ils ne cessent, en reculant, de faire face à l'ennemi, et vont respirer un moment derrière les piliers massifs du lieu saint.

Hélas ! que ce moment fut court! Les musulmans voient augmenter leur nombre et leur audace; ils fondent sur les chrétiens avec tant d'acharnement et de témérité, que même leur grand nombre devient funeste aux plus hardis. La rue qui menait au dernier retranchement des défenseurs de Corinthe était si étroite, que les Turcs qui s'engageaient dans les colonnes du temple essayaient vainement de revenir sur leurs pas, et succombaient sans pouvoir fuir; mais, avant qu'ils eussent fermé les yeux, des vengeurs s'élevaient sur leurs corps expirants. Des soldats encore plus terribles remplaçaient ceux qui n'étaient plus, et le carnage ne parvenait pas à éclaircir leurs rangs.

XXIX.

Les lumières qui ornent les autels des chrétiens ne peuvent percer de leur clarté vacillante les nuages produits par les décharges de mousqueterie. Les Ottomans sont devant
la porte ; elle résiste sur ses gonds d'airain, et de chaque issue, à travers tous les vi-
traux brisés, il pleut une grêle de traits mortels. Mais le portique ébranlé tremble sur ses
fondements, le fer cède, les gonds crient et se rompent, la porte tombe. C'en est fait,
Corinthe perdue ne saurait résister davantage.

XXX.

Arrêté sur le marchepied de l'autel, Minotti survit presque seul aux braves qui n'ont
pu sauver Corinthe ; il n'a pas cessé de menacer les Turcs qui le poursuivent. L'image
d'une Madone est peinte au-dessus de sa tête ; c'est l'ouvrage d'un pinceau céleste ; ce tableau semblait placé au-dessus de l'autel pour élever les pensées de l'homme aux choses
divines : l'aimable mère du Dieu enfant tenait son fils sur ses genoux, et souriait à la
prière des mortels suppliants, comme si elle promettait de porter elle-même leurs pieuses
prières au trône de l'Éternel. Au milieu du carnage qui ensanglante le temple, la Vierge
sourit encore ; Minotti lève les yeux vers elle, fait le signe du salut en soupirant, et saisit une torche qui brûlait sur l'autel... La flamme et le fer des musulmans l'enveloppent
de toutes parts.

XXXI.

Les caveaux creusés sous le pavé de mosaïque renfermaient les morts des siècles passés ;
leurs noms étaient gravés sur leurs tombes, mais le sang eût empêché de les lire. Les ar-
moiries sculptées, les couleurs bizarres qu'offraient les veines nombreuses du marbre, ne
se distinguaient plus sous les débris des glaives et des casques. Sur le marbre du temple
les guerriers étaient sans vie ; et, sous ses dalles, d'autres cadavres reposaient dans leurs
cercueils, dont on aurait pu apercevoir les sombres rangs par une étroite ouverture ;
mais la guerre avait pénétré dans ces obscurs caveaux, et y avait entassé son salpêtre
destructeur le long de ces bières nombreuses ; c'était là que pendant le siège les chrétiens
avaient établi leur principal magasin ; une traînée de poudre y communiquait : c'était la
dernière, mais la plus terrible ressource de Minotti contre les vainqueurs.

XXXII.

Les Turcs se précipitent dans l'église ; la petite troupe des chrétiens déploie une bravoure
inutile. Faute de pouvoir assouvir leur soif de vengeance sur un plus grand nombre d'ennemis, les barbares mutilent les corps de ceux qui ont succombé, et séparent les têtes de
ces troncs inanimés ; ils dépouillent les chapelles de leurs riches offrandes et se disputent
les vases précieux bénits par de saints pontifes. Ils courent à l'autel ! O spectacle glorieux !
le calice des grands mystères était encore sur le tabernacle : ce vase d'or séduit les yeux
avides des soldats de Mahomet. Il contenait les restes du vin sacré devenu le sang du
Christ, que le prêtre avait ce jour-là distribué à ses adorateurs, pour sanctifier leurs âmes
avant de les envoyer aux combats. Quelques gouttes étaient encore au fond du calice ;
autour de l'autel brillaient douze candélabres du plus beau métal. Qui s'emparera de cette
dépouille ? C'est la plus belle et la dernière.

XXXIII.

Déjà un Tartare étendait une main sacrilége sur le vase sacré, lorsque soudain Minotti approche sa torche du salpêtre. Le clocher, les voûtes, l'autel, les reliques, les objets précieux du culte, les vainqueurs, les chrétiens, les morts et les vivants sautent avec les débris du temple. La ville est presque renversée de fond en comble; les murailles s'écroulent, les flots de la mer reculent un moment, les montagnes sont ébranlées comme par la secousse d'un tremblement de terre. Cette explosion épouvantable a lancé jusqu'aux cieux mille débris informes au milieu d'un immense nuage enflammé. Une pluie de cendres tombe sur la terre et noircit au loin la plage de l'isthme, ou dessine dans la mer une multitude de cercles.

Les membres de plus d'un héros sont épars sur la plaine. Furent-ils chrétiens? furent-ils musulmans? Que leurs mères les voient et le disent! Elles ont jadis souri tendrement à leurs enfants endormis dans leurs berceaux; elles ne pensaient guère alors qu'un jour ces membres délicats ne seraient que des lambeaux méconnaissables. A peine quelques-uns conservent encore la forme humaine. Des soliveaux fumants et des pierres calcinées ou sanglantes couvrent au loin la plage. Tous les êtres vivants qui entendirent cet affreux fracas disparurent avec terreur. Les oiseaux des forêts s'envolèrent; les chiens sauvages s'éloignèrent en rugissant des cadavres à demi dévorés; les chameaux abandonnèrent leurs gardiens; le bœuf docile qui, loin de Corinthe, traçait un pénible sillon, s'échappa soudain du joug; et le coursier, brisant la sangle de la selle et les rênes qui le guidaient, se précipita dans la plaine; le reptile des marais fit entendre ses tristes coassements; les loups hurlèrent dans leurs cavernes dont l'écho avait répété le fracas de la mine de Corinthe; le chacal fit entendre ses vagissements plaintifs, semblables à ceux d'un enfant et aux cris lugubres d'un chien qu'on châtie; l'aigle, hérissant les plumes de son sein, s'envola de son aire et chercha un refuge auprès du soleil, poursuivi par la fumée des noires vapeurs qui lui dérobaient la vue de la terre.

Ce fut ainsi que Corinthe fut conquise.

LE NAUFRAGE DE DON JUAN.

. . . .

Le vaisseau qu'on nommait *la Très-Sainte-Trinité* faisait voile pour le port de Livourne : c'était là que la famille espagnole de Moncada s'était établie, longtemps avant que le père de Juan fût né. Des liens de parenté existaient entre les deux familles, et Juan avait pour les Moncada une lettre de recommandation. Le matin de son départ il avait reçu cette lettre de ses amis d'Espagne, qui l'adressaient à leurs amis d'Italie.

La suite de Don Juan était composée de trois domestiques et d'un précepteur, le licencié Pedrillo, qui savait plusieurs langues ; mais, dans ce moment, le mal de mer le tourmentait tellement qu'il en avait perdu la parole, et qu'étendu sur son hamac il regrettait la terre, et maudissait entre ses dents chaque nouvelle vague qui redoublait son mal de tête. L'eau salée qui entrait par les sabords venait mouiller sa couche et accroître sa peur.

Ce n'était pas sans motif ; car le vent augmenta sur le soir, et devint presque ouragan. C'était peu de chose pour les marins ; mais plus d'un homme étranger à la mer aurait pâli : il est vrai que les marins sont d'un autre caractère. Lorsque le soleil fut couché, on commença d'amener les voiles : le ciel menaçait les matelots d'un vent assez fort pour emporter un mât ou deux.

A une heure après minuit, le vent, avec une violence soudaine, précipita le vaisseau dans le creux d'une double lame, qui le heurta de la poupe à la proue, lui fit une crevasse en travers, arracha l'étambot, et endommagea la proue tout entière ; avant qu'on pût parer à ce nouveau danger, le gouvernail fut arraché : c'était le moment de recourir aux pompes ; déjà le vaisseau avait fait quatre pieds d'eau.

Alors, sans plus tarder, une brigade de matelots fut employée aux pompes, et les autres à déranger une partie de la cargaison et je ne sais quoi encore, mais sans pouvoir découvrir la voie d'eau : enfin ils la trouvèrent ; mais leur salut était loin d'être assuré : l'eau entrait avec une abondance effrayante, malgré les draps, les chemises, les vestes et les ballots de mousseline qu'on jetait —

dans l'ouverture. Mais toutes ces choses eussent été inutiles, et le vaisseau eût coulé à fond, malgré tous les efforts et les expédients, sans le secours des pompes. Je suis bien aise de les faire connaître à tous les marins qui seraient dans le cas d'en avoir besoin. Elles tirèrent cinquante barils d'eau par heure : tout l'équipage eût été perdu sans cette invention de M. Mann, de Londres.

A l'approche du jour, le mauvais temps sembla se calmer ; et on espéra se rendre complétement maître de la voie d'eau et remettre le navire à flot, quoique encore trois pieds d'eau occupassent une pompe à deux mains et une pompe à chaîne. La bise commença de nouveau à fraîchir ; une rafale survint ; et, pendant que quelques canons se détachaient, une bourrasque qu'on ne saurait décrire tourna, d'une seule bouffée, le vaisseau sur sa proue.

Le vaisseau resta immobile dans cette position. L'eau abandonna le fond de la cale, et vint laver les ponts. Ce fut un de ces spectacles terribles que les hommes n'oublient jamais. Il est rare, en effet, qu'on perde le souvenir de tous les événements qui sont une source de regrets, tels que les combats, les incendies et les naufrages, c'est-à-dire de tout ce qui met en danger les jambes et le cou, et de tout ce qui détruit nos espérances. Voyez combien aiment à parler des noyés les nageurs et les plongeurs qui ont survécu aux périls de l'eau.

Immédiatement les mâts furent brisés et emportés, celui de misaine d'abord, et ensuite le grand mât. Le vaisseau n'en restait pas moins planté comme une simple poutre, malgré tout ce qu'on pouvait faire, le mât de beaupré fut coupé : nous n'en vîmes à cette extrémité que lorsque tout autre espoir fut perdu ; et alors le vieux navire fut violemment remis sur sa quille.

Il est facile de supposer que, pendant que tout ceci se passait, il y avait plus d'une personne dans l'inquiétude. Ceci n'était pas une chose très-agréable pour les passagers de se voir menacés de perdre la vie, ou tout au moins la ration journalière. Les marins les plus déterminés sont disposés à s'étourdir par l'ivresse lorsqu'ils voient approcher le fatal moment. Dans de semblables occasions, le matelot demande à grands cris le grog, et va quelquefois lui-même boire le rhum au tonneau.

Sans doute rien n'est propre à calmer les esprits comme le rhum et la véritable religion : ainsi les uns se mirent à prier, les autres à boire ; ceux-ci chantaient des chansons de table, ceux-là entonnaient des psaumes ; le vent, par ses sifflements, faisait le fausset dans ce concert ; et, comme une basse, les vagues mugissantes marquaient la mesure avec un ton rauque. La frayeur mit tout à coup un terme aux transes de ceux qui étaient pris du mal de mer. Les gémissements, les blasphèmes, les pieuses exclamations, retentissaient au milieu de l'océan rugissant.

De plus grands malheurs seraient arrivés sans doute, si notre héros n'eût montré un sang-froid au-dessus de son âge. Il courut à la chambre où l'on tenait les liqueurs, et se posta devant la porte avec une paire de pistolets. Épouvantés, comme si la mort était plus terrible par le feu que par l'eau, les matelots s'arrêtèrent ; ils eurent beau le menacer en jurant, ou le supplier par leurs larmes, Don Juan fut inflexible. Ces gens-là croyaient qu'avant de couler à fond il était convenable de tomber ivres morts.

« Qu'on nous donne encore du rhum ! criaient-ils. Dans une heure d'ici en aurez-vous davantage ? — Non, répondit Juan, non... Je sais que la mort m'attend comme vous ; mais mourons en hommes, et non comme des brutes ; » et il se tint courageusement dans ce poste périlleux. Aucun n'osa courir le risque d'une mort anticipée ; Pédrillo lui-même, le vénérable pédagogue, implora vainement un verre de rhum.

Le vieux bonhomme était tout effaré, poussant des cris et de pieuses lamentations ; il se repentait de tous ses péchés, et faisait le vœu irrévocable d'une réforme exemplaire. Rien ne devait plus le décider (une fois ce péril passé) à quitter ses occupations académiques et les cloîtres classiques de Salamanque, pour suivre don Juan dans ses voyages maritimes, comme un autre Sancho Pança.

Une dernière lueur d'espérance vint briller pour l'équipage. Le jour parut et le vent se calma. On n'avait plus de mâture; la voie d'eau augmentait; on était environné de bas-fonds, et aucun rivage ne s'offrait à la vue; mais enfin le navire surnageait encore. On employa de nouveau les pompes; et, quoique un moment auparavant tout leur semblât perdu, séduits par un faible rayon d'espoir, les uns se mirent à pomper, et les plus faibles à ployer une voile.

On passa cette voile sous la quille du vaisseau, et pour l'instant ce ne fut pas sans effet. Mais que pouvait-on attendre? L'eau entrait à force et l'on n'avait plus ni mâts ni voiles. Cependant il vaut mieux lutter jusqu'à la fin avec une voie d'eau, sans un bâton pour mât, sans un lambeau de toile : il n'est jamais trop tard pour être noyé complétement. Et, s'il est vrai que l'homme ne doit mourir qu'une fois, ce n'est pas une chose fort agréable que de finir sa vie dans le golfe de Lyon.

C'est en effet dans ces parages que les vents et les vagues avaient poussé Juan et ses compagnons; ils furent entraînés beaucoup plus loin, sans savoir où ils allaient, car il fallait renoncer à consulter la boussole. Ils n'avaient pas encore eu un seul moment pour prendre du repos ou pour essayer de fabriquer un gouvernail et un mât de ressource. A peine s'ils eussent osé espérer que le vaisseau surnagerait encore une heure. Il nageait pourtant... quoique pas tout à fait aussi bien qu'un canard.

Cependant le vent avait bien baissé; mais le navire était si maltraité qu'il n'était guère possible de naviguer plus longtemps. La détresse était déjà fort grande. On n'avait plus d'eau potable; les provisions solides commençaient à diminuer; c'était en vain que tous consultaient le télescope, ils ne découvraient ni vaisseau ni navire... rien au loin que la mer toujours grosse et l'approche de la nuit.

La tempête menaça de nouveau, la bise souffla avec plus de violence, et l'eau entra dans la cale par l'avant et par l'arrière. Quoique l'équipage ne l'ignorât pas, la plupart des marins souffraient avec patience; quelques-uns conservèrent encore tout leur courage, jusqu'à ce qu'enfin les chaînes et les cuirs des pompes furent usés. On était au moment d'un naufrage complet, et l'on resta à la merci des vagues, qui sont aussi susceptibles de compassion que les hommes dans le temps des guerres civiles.

Ce fut alors que l'on vit le charpentier, les larmes aux yeux, venir dire au capitaine que tout était perdu. C'était un vieillard qui avait longtemps navigué et vu bien des tempêtes; s'il pleurait aujourd'hui, disait-il, ce n'était point ses propres craintes qui lui arrachaient des larmes; mais le pauvre homme avait une femme et des enfants, deux choses qui font le désespoir de ceux qui se voient à leur dernière heure.

Il était évident que le vaisseau s'enfonçait du côté de l'avant. Plus de distinction de grades, de rangs. Les uns recommencent leurs prières et promettent à leurs saints patrons des cierges pour leurs chapelles; hélas! ces vœux ne furent pas exaucés. D'autres se tiennent sur l'avant du vaisseau pour porter au loin leurs regards. Plusieurs s'occupent à mettre à flot les chaloupes, tandis qu'un passager vient demander l'absolution à Pédrillo, qui dans son trouble l'envoie au diable.

Ceux-ci se balancent dans leurs hamacs, ceux-là mettent leurs plus beaux habits comme s'ils allaient à une foire. L'un maudit le jour où il vint au monde, grince des dents et s'arrache les cheveux en hurlant ; un autre va se joindre à ceux qui continuaient de préparer les chaloupes, convaincu qu'une chaloupe bien charpentée et bien armée peut résister dans une mer orageuse... à moins qu'elle n'ait contre elle les brisants et le vent de la côte.

Ce qu'il y avait de pire dans leur position c'était que la détresse durait depuis plusieurs jours. Il leur eût été difficile d'avoir conservé assez de provisions pour alléger les longues souffrances qui les attendaient encore. Les hommes, même lorsqu'ils vont mourir, n'aiment pas l'inanition ; le mauvais temps avait gâté leurs vivres. Deux tonneaux de biscuit et un baril de beurre fut tout ce qu'ils purent jeter dans le cutter.

Mais ils mirent dans la grande chaloupe quelques livres de pain, tout moisi qu'il était ; environ une vingtaine de galons d'eau, six bouteilles de vin, une partie de leur bœuf salé, et un jambon qui ne pouvait leur faire un goûter. Ajoutez à cela huit galons de rhum contenus dans un baril.

Les autres bateaux (la petite chaloupe et la pinasse) avaient été coulés à fond dès que le vent avait commencé à souffler. La grande chaloupe n'était pas dans un très-bon état. Deux couvertures lui servaient de voiles ; le mât était une rame qu'un mousse avait jetée par un heureux hasard. Elle ne pouvait contenir la moitié de l'équipage qui était à bord, comment aurait-elle pu être suffisamment approvisionnée?

On était à l'heure du crépuscule, car le jour sans soleil s'abaissait sur le désert des flots. Semblables à un voile qui nous cache le visage irrité d'un ennemi, les ténèbres dérobaient la vue du ciel à ces malheureux naufragés ; le front pâle et le désespoir dans les yeux, ils fixaient des regards effrayants et douloureux sur l'abîme des vagues. Depuis douze jours ils s'étaient familiarisés avec la terreur ;... aujourd'hui c'est la mort elle-même qui vient s'offrir à eux.

Ils avaient essayé de faire un radeau, entreprise folle au milieu d'une mer orageuse ; ils auraient ri eux-mêmes de concevoir l'espérance d'échapper au trépas par un tel moyen, si dans des malheurs pareils il pouvait exister un autre rire que celui des hommes qui, ayant bu, conservent une sorte de joie sauvage et affreuse, à demi hystérique et à demi épileptique.

Un miracle seul pouvoit les sauver.

A huit heures et demie, les boute-hors, les cages à poules, les mâtereaux, enfin tout ce qui pouvait encore servir à soutenir les pauvres naufragés sur les vagues leur avait été livré : malgré l'inutilité de leurs efforts, ils cherchaient encore à lutter contre une destinée inévitable. Quelques étoiles brillaient au firmament, mais ne répandaient qu'une faible clarté. Les embarcations s'étaient éloignées, surchargées de monde. Le vaisseau s'inclina, fit comme un faux bond, et s'engloutit en un instant la proue la première.

Alors s'éleva jusqu'aux cieux la voix d'un horrible adieu. Les timides firent entendre un cri ; les plus courageux gardaient un morne silence. Quelques-uns sautèrent par-dessus le bord, avec un hurlement épouvantable, comme empressés d'aller au-devant de leur tombe; la mer s'ouvrit comme la bouche béante d'un enfer, et engloutit avec le navire la vague tourbillonnante, comme un ennemi acharné qui lutte encore et s'efforce d'étouffer son vainqueur avant de mourir.

Un cri général s'éleva alors plus bruyant que le bruyant océan, et semblable à un coup de tonnerre; puis soudain succéda le silence, on n'entendit plus que le sifflement de l'orage et le choc des vagues impitoyables ; par intervalles, un tourbillon se montrait sur la surface de la mer et la faisait bouillonner convulsivement; un cri solitaire l'avait précédé, c'était la dernière agonie de quelque vigoureux nageur épuisé.

Nous avons déjà dit que les embarcations avaient pris le large avant cette fatale catastrophe. Une partie de l'équipage s'y était entassée; mais il lui restait bien peu d'espoir, car le vent soufflait avec une telle violence qu'il était peu probable qu'on pût aborder à quelque rivage. Le petit nombre de ceux qui avaient échappé au naufrage était encore trop considérable. On avait compté neuf individus dans le canot, et trente dans la chaloupe, quand ils avaient pris le large.

Tout le reste avait péri, près de deux cents âmes avaient déserté leurs corps ; et ce qu'il y a de pis, hélas ! quand la mer roule sur des catholiques, c'est qu'ils sont obligés d'attendre plusieurs semaines qu'une messe leur ôte un boisseau des charbons ardents du purgatoire ; car tant qu'on ignore ce qu'ils sont devenus, les gens ne veulent pas risquer leur argent pour les âmes des morts : il en coûte trois francs pour faire dire une messe.

Juan entra dans la chaloupe, et fit tout ce qu'il put pour y placer aussi Pédrillo. Il semblait qu'ils avaient tous deux changé de rôle ; Juan avait cet air de maître que donne le courage, tandis que les yeux de Pédrillo pleuraient le malheur du pauvre magister. Batista (nom que les Espagnols remplacent par le diminutif de Tista) s'était perdu en cherchant et trouvant de l'eau-de-vie.

Quant à Pédro, l'autre valet, la liqueur lui fut également funeste. Son maître voulut l'entraîner pour le sauver; mais il était tellement ivre, qu'en mettant le pied sur le bord de la chaloupe il fit la culbute dans la mer, et trouva ainsi un trépas moitié eau moitié vin. On ne put le retirer de la mer, qui devenoit de plus en plus grosse : et quant à la chaloupe... l'équipage y était déjà serré.

Juan avait un vieil épagneul qui avait appartenu à Don José, son père : on peut bien penser qu'il lui était très-attaché; car la mémoire se repose avec tendresse sur de semblables créatures. Le pauvre petit animal hurlait sur le pont du vaisseau, connaissant, sans doute (l'instinct des chiens est admirable !), qu'on allait faire naufrage. Juan le prit et le jeta dans la chaloupe avant d'y sauter lui-même.

Il garnit aussi ses poches et celles de Pédrillo de tout l'argent qu'il put emporter. Le pédagogue lui laissait faire tout ce qu'il voulait, ne sachant lui-même ni que faire ni que dire, et ne songeant qu'à la peur que lui causait chaque nouvelle vague ; mais Juan, ne désespérant pas d'échapper à ce naufrage, et croyant qu'il n'y avait pas de maux sans remède, rembarqua ainsi son précepteur et son épagneul.

Ce fut une rude nuit, et le vent souffla avec une telle opiniâtreté, que la voile était en calme dans le creux des lames; mais sur leur extrême crête on n'osait plus carguer. Chaque vague se déroulait sur le tillac, trempait d'eau continuellement les naufragés et les forçait d'agréner la cale sans un moment de relâche; de sorte qu'ils étaient eux-mêmes dans l'eau, comme leurs espérances, et que le pauvre petit cutter fut bientôt submergé.

Neuf hommes disparurent avec lui. La chaloupe flottait encore; une rame lui servait de mât, et deux couvertures cousues ensemble y furent attachées, pour faire, tant bien que mal, les fonctions de voile. Quoique chaque nouvelle vague menaçât de la submerger aussi, et que le danger présent surpassât de beaucoup tous ceux que naguère ils avaient courus, ils donnèrent des regrets à leurs compagnons qu'ils virent périr avec le cutter; ils en donnèrent aussi aux tonneaux de biscuit et de beurre.

Le soleil se leva, rouge et couleur de feu, présage certain de la continuation du vent. Se laisser aller au gré de la mer jusqu'à ce que le temps changeât, c'était tout ce qu'on pouvait faire. Quelques cuillerées de rhum et de vin furent distribuées à chacun de ces malheureux, qui commençaient à devenir bien faibles. Ils étaient réduits à leur pain moisi, et la plupart d'entre eux n'étaient couverts que de haillons.

Ils étaient trente, resserrés dans un espace qui leur permettait à peine de faire quelque mouvement. Ils essayèrent tout ce qui leur fut possible pour améliorer leur situation. Une moitié s'étendit sur les bancs de la chaloupe, et les autres, quoique engourdis par l'eau salée, se tinrent debout, en se partageant les soins du quart. C'est ainsi que, tremblants comme dans l'accès d'une fièvre tierce, ils étaient entassés dans leur nacelle, sans autre abri que le grand manteau des cieux.

Il est très-sûr que le désir de la vie la prolonge; c'est une chose évidente pour les médecins, qui voient des malades, que ne tourmentent ni amis, ni femme, survivre à des crises désespérées, parce qu'ils espèrent encore et qu'ils n'aperçoivent dans leurs visions ni le couteau ni les ciseaux d'Atropos : désespérer de la guérison est funeste à la longévité, et rend les misères humaines d'une brièveté alarmante.

On dit que les personnes qui vivent de rentes viagères vivent plus longtemps que d'autres. — Dieu sait pourquoi, si ce n'est pour le tourment de ceux qui les paient... Mais c'est si vrai, qu'il y a réellement, je crois, certaines gens qui ne meurent jamais. Les juifs qui, sans contredit, sont les pires de tous les créanciers, aiment beaucoup à prêter à ces conditions. Dans ma jeunesse ils me prêtèrent une somme de cette manière, et je trouvai très-embarrassant de la payer.

Il en est de même des gens qui sont sur une chaloupe, en pleine mer; ils vivent de l'amour de la vie, et sont capables de supporter plus de privations qu'on ne peut croire. Aussi durs que des rochers, ils sont en vain assaillis par les tempêtes les plus furieuses; ils peuvent résister à tout ce que les marins ont éprouvé de pire depuis l'arche vagabonde du patriarche Noé. C'était une chose curieuse que l'équipage et la cargaison de l'arche, comme aussi l'ancien *Argo*, le premier vaisseau corsaire grec.

Mais l'homme est un être carnivore; il faut qu'il mange, et cela au moins une fois par

jour. Il ne peut guère vivre par la succion comme les bécasses ; une proie lui est aussi nécessaire qu'au requin et au tigre. On a beau dire que sa construction anatomique le rend
propre à brouter les végétaux ; des gens qui travaillent décideront sans hésiter que le bœuf,
le veau et le mouton sont d'une digestion meilleure.

C'est ce que pensaient nos malheureux naufragés. Un calme survint le troisième jour, qui
renouvela d'abord leurs forces, et versa sur leurs membres fatigués un baume réparateur,
en les endormant comme des tortues bercées sur l'azur des ondes ; mais, lorsqu'ils se ré-
veillèrent, ils se sentirent un accès de voracité ; et, au lieu de ménager leurs vivres avec
précaution, ils dévorèrent aussitôt tout ce qui leur restait.

On devinera sans peine quelle en fut la conséquence. Lorsqu'ils auront achevé tous
leurs mets solides et avalé tout leur vin, malgré les conseils de quelques-uns d'entre eux
plus prudents que les autres, comment pourront-ils dîner le lendemain ? Les insensés !
n'espéraient-ils pas que le vent docile allait se lever et les transporter près de quelque rivage ? Espérance très-agréable ; mais aussi, n'ayant qu'une rame fragile, ils eussent bien
mieux fait de ménager leurs provisions.

Le quatrième jour parut ; mais pas un souffle, et l'océan resta assoupi comme un enfant
non sevré ; le cinquième jour trouva encore leur chaloupe flottant sur les ondes ; le temps
était doux et serein, et l'azur de la mer se confondait au loin avec celui du ciel : que faire
avec une rame ? (Si du moins ils en avaient eu deux !) La rage de la faim commençait à
gronder : aussi Juan eut-il beau supplier, son épagneul fut tué et distribué par rations à
l'équipage.

Le sixième jour ils en mangèrent la peau, et Juan, qui avait jusque-là refusé de prendre
part au festin, parce que la pauvre bête avait été le chien de son père, sentant alors dans
son estomac le vautour de la faim, accepta enfin avec quelque remords, comme une grande
faveur, ce qu'il avait d'abord refusé,... une des pattes de devant, qu'il partagea avec Pédrillo ; celui-ci la dévora avidement, regrettant de n'en recevoir que la moitié.

Vint le septième jour, et pas encore le vent. Les rayons brûlants du soleil dardaient sur
ces hommes décharnés, et gisants comme des cadavres sur les flots stagnants. Plus d'espoir que ce vent inflexible, qui ne soufflait pas ; ils se regardent avec un air de férocité...
Plus d'eau, plus de vin, plus de provisions... Vous auriez reconnu l'avide désir du canni-
bale dans leurs yeux de loups (quoiqu'ils gardassent le silence).

Enfin un d'eux ose dire ce qu'il pense à l'oreille de son compagnon ; celui-ci le répète à
un autre, et l'affreuse proposition est bientôt connue de tous. Un murmure effrayant se fait
entendre, comme la voix sinistre du désespoir ; chacun reconnaît sa propre pensée dans
celle de son camarade ; et l'on commence à s'entretenir de chair et de sang, en se demandant qui d'entre eux servira de nourriture aux autres.

Mais avant d'en venir à cette extrémité, ils se partagèrent, ce jour-là, quelques cas-
quettes de cuir et le reste de leurs souliers ; et puis, promenant ses regards autour de soi,
chacun vit avec désespoir qu'il n'y avait personne qui fût prêt à se sacrifier Que faire ? On
propose de tirer au sort, on prépare les billets qui désigneront la victime... Ma muse frémit de raconter que, faute de papier, on arracha à don Juan la lettre de Julia.

Les lots sont faits , marqués , mêlés et distribués dans une silencieuse horreur ; cette distribution endormit même un moment cette faim féroce qui , comme le vautour de Prométhée, réclamait cette abomination ; aucun d'eux n'avait médité ou comploté le premier cette résolution affreuse , c'était la nature qui les y avait poussés tous sans permettre à aucun de rester neutre , et le sort tomba sur le précepteur de Juan.

L'infortuné demanda comme une grâce qu'on voulût bien le saigner. Le chirurgien du vaisseau avait ses instruments ; il ouvrit l'artère de Pédrillo , qui expira si tranquillement, qu'on aurait eu de la peine à déterminer quand il cessa de vivre. Il mourut comme il avait vécu , dans sa croyance , la religion catholique. C'est ainsi que fait , en général , le commun des hommes. Il laisa d'abord avec un pieux recueillement , un petit crucifix , et puis tendit sa veine jugulaire et son poignet.

Le chirurgien , à défaut d'autre salaire , réclama pour ses peines le choix des morceaux ; mais pressé par une soif brûlante, il préféra s'abreuver du sang qui jaillissait des veines entr'ouvertes. On ne garda qu'une partie du cadavre , l'autre fut jetée à la mer avec les entrailles et la cervelle. Deux requins qui suivaient la chaloupe en firent leur régal. Les matelots apaisèrent leur faim avec ce qui resta du pauvre Pédrillo.

Tous les matelots en mangèrent, excepté trois ou quatre auxquels il faut joindre Don Juan , qui , ayant la veille refusé de se nourrir de la chair de son épagneul , n'écouta pas davantage sa faim cette fois. Comment aurait-il pu consentir, quelle que fût l'extrémité où il se trouvait , à porter une dent sacrilége sur le cadavre de l'homme qui avait été son précepteur et son pasteur spirituel !

Il fut heureux de s'en être abstenu ; car les conséquences de ce repas furent épouvantables à l'extrême : tous ceux qui avaient été les plus voraces tombèrent dans un délire furieux. Mon Dieu ! les voilà qui blasphèment , écument , se roulent dans les convulsions les plus cruelles ! les voilà qui avalent à grands traits l'eau salée de la mer , comme si c'eût été l'eau d'un torrent ; et , grinçant des dents , hurlant, portant sur eux-mêmes leurs ongles déchirants , ils meurent dans le désespoir avec un rire d'hyène.

Le nombre de nos gens fut bien réduit par cette punition du ciel. Ceux qui survécurent étaient d'une maigreur extrême ; quelques-uns perdirent tout à coup la mémoire , plus heureux que ceux qui avaient encore le sentiment de leurs maux. Mais il s'en trouva qui complotèrent un second assassinat , n'étant pas suffisamment avertis par le spectacle affreux de l'agonie de leurs camarades.

Ils jetèrent les yeux sur le contre-maître, comme le plus gras de la troupe ; mais, outre sa répugnance pour une telle destinée , certaines raisons particulières contribuèrent à le sauver. On se rappela, entre autres, qu'il avait été malade dernièrement. . . . . .

. . . .

Il restait encore quelque chose du pauvre Pédrillo ; on s'en nourrit avec épargne. Quelques-uns avaient peur, et les autres , imposant silence à leur appétit , se contentaient de prendre de temps en temps un léger morceau de chair ; le seul Juan s'abstint toujours d'y toucher, et trompa sa faim en mâchant un morceau de bambou et un peu de plomb. Ayant enfin attrapé deux nigauds et un noddy , ils cessèrent de se nourrir du cadavre.

Si le sort de Pédrillo vous révolte, rappelez-vous ce comte Ugolin, qui se remit à dévorer la tête de son ennemi, après avoir poliment conté son histoire. Si un ennemi peut servir de nourriture en enfer, on peut bien, sans être beaucoup plus horrible que le Dante, manger de ses amis, quand les rations réduites des naufragés sont devenues trop rares.

Cette même nuit il tomba une ondée attendue par ces bouches béantes, comme est attendue une pluie d'été par les crevasses de la terre poudreuse. Il faut que la soif apprenne aux hommes la valeur de la bonne eau. Si vous aviez habité l'Espagne et la Turquie, si vous vous étiez trouvés au milieu d'un équipage échappé à la mer, ou si vous aviez entendu jamais le son de la clochette des chameaux dans les sables de la Syrie, vous auriez plus d'une fois désiré être dans l'endroit où se cache, dit-on, la Vérité... au fond d'un puits.

La pluie tombait par torrents, mais nos pauvres naufragés n'en étaient pas plus riches; enfin ils trouvèrent une vieille toile en lambeaux, qui fut pour eux une espèce de vase spongieux, et lorsqu'ils la crurent complétement imbibée, ils la tordirent et se désaltérèrent. Un misérable fossoyeur au gosier sec eût préféré un pot de *porter*; mais les compagnons de Juan prétendirent n'avoir jamais connu jusqu'à ce moment le plaisir de boire.

Cette eau semblait des flots de nectar à leurs lèvres arides et sillonnées par des gerçures saignantes. Leurs gosiers étaient comme des fours brûlants, et leurs langues enflées étaient noires comme celles du mauvais riche qui, du fond des enfers, demandait en vain au mendiant bienheureux une goutte d'eau, alors que chaque goutte eût été pour lui une joie du paradis... Si cela est vrai, ma foi! il y a quelques chrétiens qui ont une croyance consolante.

Dans cet équipage, horrible à voir, étaient deux pères qui avoient chacun leur fils avec eux. Le fils de l'un était plus robuste et en apparence plus capable de supporter la fatigue, mais il mourut bientôt: lorsqu'il eut rendu le dernier soupir, son plus proche camarade le dit à son père, qui le regarda en disant: Que la volonté du ciel soit faite! je n'y puis rien; et il vit jeter le cadavre à la mer, sans une larme et sans un sanglot.

L'autre père avait un fils plus faible, d'un teint plus doux, et de formes plus délicates; mais ce jeune homme résista longtemps et supporta son sort avec patience et résignation, parlant peu, et souriant quelquefois, comme pour alléger le poids qu'il voyait s'amasser sur le cœur de son père, accablé par la pensée mortelle de leur prochaine séparation.

Son père s'inclina sur lui, et ne détacha plus ses yeux de son visage: de la main il essuyait l'écume qui souillait ses lèvres décolorées. Lorsque enfin la pluie tant désirée vint à tomber, les yeux du jeune homme, déjà ternes et vitreux, brillèrent un moment et semblèrent rouler dans leurs orbites: le père exprima quelques gouttes d'eau dans la bouche de son fils mourant,... mais en vain!

Le jeune homme expira: le père tint longtemps encore son cadavre dans ses bras, sans cesser de le regarder; et, lorsque enfin la mort ne lui laissa plus aucun doute, lorsqu'il sentit le cadavre glacé peser sur son cœur, qu'il n'y eut plus ni espérance ni pulsation, il le veillait encore avec anxiété, jusqu'à ce qu'on le jeta à la mer, et qu'il disparut, emporté par la vague impitoyable: alors il tomba lui-même muet et glacé, ne donnant d'autre signe de vie que le frémissement de ses membres.

23

Un arc-en-ciel, perçant les nuages épars, apparut soudain sur la sombre étendue de l'océan, en posant sa base lumineuse sur l'onde tremblante ; tout ce qu'il embrassait dans son cercle radieux contrastait par sa couleur éclairée avec tout ce qui était au dehors ; puis il s'étendit et flotta comme une bannière ; ensuite il se changea en arc tendu, et disparut enfin aux yeux de nos malheureux naufragés.

Ces changements de couleur étaient naturels : un arc-en-ciel est un véritable caméléon céleste, enfant aérien des vapeurs et du soleil, né dans la pourpre, bercé dans le vermillon, baptisé dans l'or liquide, et emmaillotté dans des langes noirs, brillant et semblable à ces croissants placés sur les pavillons des Turcs, puis soudain, fondant toutes ses couleurs en une seule, comme un œil poché dans une dispute (car quelquefois on est obligé de boxer sans masque).

Nos marins naufragés le prirent pour un heureux présage ;... on n'a pas tort de penser comme eux quelquefois. C'était une vieille habitude chez les Grecs et chez les Romains, et qui peut être utile quand on a affaire à des gens découragés. Certainement les naufragés avaient besoin plus que personne des motifs d'encouragement : ce signe céleste leur sembla l'Espérance elle-même,... un véritable kaléidoscope céleste.

A peu près au même instant un bel oiseau blanc, de l'espèce des palmipèdes, et assez semblable à une colombe par la forme et le plumage, vint voltiger au dessus de leurs têtes. Cet oiseau s'était probablement égaré dans son vol ; il essaya de se percher sur la chaloupe, quoiqu'il y aperçût des hommes qui le regardaient ; il vint et revint sans cesse en battant des ailes jusqu'à ce que la nuit parût. Ce présage fut regardé comme plus heureux que le premier.

Mais je dois remarquer que cet oiseau de bon augure fut très-bien avisé de ne pas se reposer sur les cordages de la chaloupe ; il ne s'y fût pas arrêté aussi sûrement que sur la flèche d'un clocher, et c'eût été la colombe de l'arche de Noé revenant de son heureux message, qu'elle eût été dévorée sans pitié, et sa branche d'olivier avec elle.

A l'entrée de la nuit, le vent commença à souffler, mais faiblement ; la voûte céleste était parsemée d'étoiles ; mais l'équipage était dans un tel état de détresse qu'il ne savait plus ce qu'il faisait. Les uns croyaient voir la terre, les autres s'écriaient douloureusement : Non !... C'étaient les vapeurs de l'atmosphère qui les trompaient. Ceux-ci juraient qu'ils entendaient des brisants, ceux-là prétendaient qu'on avait tiré des coups de canon, et il y eut un moment où tous crurent que ces derniers avaient raison.

Au point du jour, le vent tomba : tout à coup le matelot qui était de quart s'écria qu'il voyait la terre, et jura que pour cette fois c'était bien la terre : « Que je ne la revoie jamais si je me trompe ! » disait-il. Ses compagnons se frottèrent les yeux et reconnurent une baie vers laquelle ils dirigèrent la chaloupe. C'était bien un rivage, en effet, qui s'élevait et devenait de plus en plus distinct à mesure qu'ils en approchaient.

A cette vue, l'un fondit en larmes, l'autre laissa lire dans son regard stupéfait que la crainte se mêlait encore à l'espérance : il semblait être devenu insensible à tout ; un troisième priait (pour la première fois peut-être depuis bien des années). Au fond de la chaloupe, trois hommes restaient endormis; on voulut les tirer par la main et leur secouer la tête pour les réveiller... ils étaient morts.

Le jour précédent, les naufragés avaient surpris une tortue, de l'espèce de celles qu'on appelle *bec-à-faucon*, qui était endormie sur l'eau, et ils furent assez heureux pour glisser doucement jusqu'à elle et s'en emparer. Ce fut pour eux une nourriture qui prolongea leur vie d'un jour, et pour leur courage un aliment encore plus utile, par l'espérance qu'elle leur inspira; ils s'imaginèrent que, dans leur infortune, ce n'était pas au seul hasard qu'ils étaient redevables d'un semblable secours.

La terre qu'ils voyaient enfin leur parut une côte escarpée et rocailleuse : entraînés avec rapidité par un courant, ils voyaient grandir les montagnes à mesure qu'ils avançaient. Les voilà qui se perdent en conjectures, ignorant tous dans quelle partie du globe ils se trouvaient, tant les vents avaient changé de direction! Celui-ci voulait que ce fût le mont Etna; celui-là prétendait reconnaître Candie, Chypre, Rhodes ou d'autres îles.

Cependant le courant, aidé d'une brise qui se leva, les poussait toujours vers ce rivage consolateur; en voyant ces spectres pâles et décharnés, on eût pris la chaloupe pour la barque de Caron. Elle ne contenait plus que quatre hommes encore vivants et les trois derniers morts, qu'ils n'avaient plus la force de jeter dans la mer avec ceux qui y avaient trouvé leur tombeau. Les deux requins ne cessaient point de les suivre, et faisaient parfois jaillir l'écume des flots sur leur visage.

La soif, la famine, le désespoir, le froid et la chaleur les avaient tellement exténués et rendus méconnaissables, qu'une mère n'eût pu distinguer son fils parmi ces squelettes vivants. L'humide froidure des nuits, les rayons brûlants du soleil, avaient réduit peu à peu l'équipage à quelques hommes; mais ce fut surtout par l'espèce de suicide qu'ils commirent en mangeant Pédrillo et en buvant l'eau salée que leur mort fut hâtée.

En s'approchant de la terre, dont ils remarquaient l'aspect inégal, ils sentirent la douce fraîcheur du feuillage qui, en se balançant dans la forêt, purifiait l'air d'alentour. Avec quel ravissement ils reposèrent sur le vert rideau des arbres leurs yeux vitrés, que fatiguaient depuis si longtemps la surface polie des vagues et un ciel nu et brûlant!... ils trouvaient charmant tout objet qui pouvait les distraire de l'éternelle et effrayante immensité de l'eau salée.

Le rivage leur paraissait sauvage et inhabité; l'océan l'environnait du terrible rempart de ses flots; mais ils étaient affamés de la terre, et ils continuèrent à s'abandonner aux vagues, quoique poussés droit vers les brisants; un récif commença bientôt à leur montrer au milieu de l'onde sa tête couronnée d'une écume bouillonnante : n'apercevant aucun lieu pour aborder plus sûrement, ils ne détournèrent point la chaloupe, et la firent submerger.

Heureusement pour Juan qu'il avait l'habitude de se baigner dans le Gualdalquivir, et qu'ayant appris à nager dans ce noble fleuve, il avait eu plusieurs fois l'occasion de s'en applaudir. On eût difficilement trouvé un nageur plus habile; il eût peut-être traversé l'Hellespont comme Léandre : M. Ekenhead et moi nous l'avons fait (exploit dont nous n'avons pas été peu fiers).

Aussi, tout maigre et tout épuisé qu'il était, il osa confier ses membres aux vagues, et essaya de gagner, avant la nuit, la plage qu'il avait devant lui. Le plus grand danger qu'il eut à courir, ce fut la voracité d'un requin qui emporta un de ses compagnons par la jambe ; les deux autres se noyèrent, ne sachant pas nager, et il n'y eut que Juan qui put atteindre le rivage.

Il ne serait peut-être jamais arrivé sans la rame que la Providence lui envoya au moment où ses faibles bras ne pouvaient plus fendre les vagues. Il allait être englouti lorsque cette rame vint flotter devant lui ; il la saisit, et s'y tint cramponné malgré le choc répété des lames. Enfin, à force de nager, de marcher dans l'eau, et de se cramponner à droite et à gauche, il roula sur la grève presque sans mouvement.

Là, respirant à peine, il creusa avec ses ongles dans le sable pour s'y attacher, de peur que la vague, qui semblait mugir de colère en le laissant échapper, ne vînt le reprendre, et le plonger dans le gouffre insatiable. Il resta étendu devant l'entrée d'une grotte taillée dans le rocher ; il conservait assez de vie pour sentir ses maux, et penser que ce serait peut-être en vain qu'il aurait échappé au naufrage.

Il essaya de se relever avec un long et pénible effort ; mais il retombait aussitôt sur ses genoux ensanglantés et sur sa main tremblante. Il chercha ensuite des yeux ses compagnons d'infortune : aucun n'arrivait pour partager sa destinée. Il reconnut seulement le cadavre de l'un des trois hommes morts de faim trois jours auparavant, et qui venait de trouver une sépulture sur une plage inconnue,

Tout à coup les yeux de Juan se troublèrent ; un vertige s'empara de son cerveau, et il tomba en croyant voir tourner le sable autour de lui. Tous ses sens l'abandonnèrent, il resta couché sur le côté, retenant encore, dans ses mains humides, la rame qui avait été son salut après avoir servi de mât à la chaloupe. Semblable à un lis flétri, il était étendu, le visage pâle et les membres exténués, mais beau encore, autant que peut l'être une créature d'argile.

Juan ne put jamais se rappeler combien avait duré cet évanouissement ; car toute idée de la terre était éteinte en lui, et le temps n'avait plus ni nuit ni jour pour son sang glacé et ses sens engourdis. Il ignora aussi comment s'était passée cette faiblesse accablante, lorsqu'il se réveilla avec la sensation douloureuse de ses membres brisés et des battements convulsifs de son cœur ; car la mort, quoique vaincue, ne lâchait qu'à regret sa proie.

Il ouvrait les yeux, les fermait pour les ouvrir encore ; tout ce qu'il éprouvait lui paraissait douteux et confus. Il croyait être dans la chaloupe et sortir d'un songe pénible pour lutter encore contre son désespoir et regretter que son sommeil n'eût pas été celui de la mort. Peu à peu le sentiment lui revint, ses idées s'éclaircirent, et ses yeux, encore troubles, aperçurent la jolie figure d'une fille de dix-sept ans.

Elle était penchée sur lui, et sa petite bouche semblait chercher le souffle sur les lèvres de Juan. La douce chaleur de sa main acheva de le rappeler à la vie. Elle mouillait ses tempes glacées, cherchait à ranimer le sang dans ses veines, jusqu'à ce que, répondant à ce toucher délicat et à cette sollicitude touchante, un soupir lui apprit que ses efforts bienveillants avaient enfin réussi.

Alors elle fit avaler à Juan quelques gouttes d'une liqueur cordiale, et jeta un manteau sur ses membres à demi nus. Son bras gracieux releva sa tête penchée ; elle appuya sur son front couvert d'une pâleur mortelle une joue brillante des douces et pures couleurs de la vie. Elle exprima aussi l'onde amère des touffes humides de ses longs cheveux, en épiant avec inquiétude chaque nouveau mouvement qui arrachait un soupir du sein oppressé de Juan, et du sien en même temps.

Cette jeune fille bienfaisante était accompagnée d'une autre jeune aussi, quoique plus âgée qu'elle, et dont les traits avaient quelque chose de moins grave et de moins délicat. Toutes deux portèrent Juan avec précaution dans la grotte et commencèrent à allumer du feu. Au moment où les flammes répandirent une brillante clarté sous ces voûtes ignorées des rayons du soleil, la jeune fille, ou n'importe qui elle était, se montra avec sa taille élégante et sa rare beauté.

Son front était orné de bijoux d'or qui brillaient sur sa chevelure brune, dont les longues boucles étaient roulées en tresses ; quoique sa taille fût des plus hautes que puisse avoir une femme, cette chevelure descendait jusqu'à ses talons ; on voyait dans sa physionomie un air d'autorité qui indiquait qu'elle tenait un rang dans cette contrée.

Ses cheveux, ai-je dit, étaient bruns ; mais ses yeux étaient noirs comme la nuit, et les longs cils de ses paupières de la même couleur : c'est sous les paupières qu'est cachée l'attraction la plus puissante ; car lorsque le regard jaillit tout à coup de ces franges soyeuses, il a plus de force que la flèche la plus rapide ; tel un serpent replié sur lui-même se déroule de toute la longueur de ses anneaux, et vous révèle à la fois son venin et sa vigueur.

Son front était blanc et petit, les couleurs pures de ses joues ressemblaient à celles de ces nuages du soir que le soleil couchant teint en rose. Ses lèvres, dont la supérieure était un peu relevée... (lèvres ravissantes qui font tant rêver une fois qu'on les a vues)... en un mot, elle eût pu servir de modèle à un statuaire. (Ces gens-là font un métier d'imposteurs ! J'ai connu des femmes réelles et plus belles cent fois que leur absurde idéal de marbre.)

Que je vous dise pourquoi je parle ainsi, car il est juste de ne pas blâmer sans motif raisonnable. J'ai connu une lady irlandaise, dont jamais on n'a pu bien faire le buste, quoiqu'elle eût souvent servi de modèle, et si jamais elle doit céder aux rides inexorables de la nature et du temps, elles détruiront un visage qui n'a jamais pu être conçu par la pensée mortelle, ni copié par le ciseau.

Et telle était la *Dame de la grotte*. Ses vêtements différaient de ceux des Espagnols ; ils étaient plus simples, mais d'une couleur moins sombre ; car l'on sait que les femmes espagnoles, hors de chez elles, bannissent de leur parure toute couleur brillante. Ah ! pourtant (mode qui, j'espère, ne passera jamais), lorsqu'elles drapent autour d'elles la basquine et la mantille, il y a tout à la fois en elles quelque chose de folâtre et de mystique.

Ce n'était pas là le costume de notre belle. Sa robe était de toute couleur, et d'un tissu très-fin. Ses cheveux erraient négligemment autour de son front ; mais l'or et les pierres précieuses y brillaient avec profusion. Sa ceinture avait un nœud de diamants, et son voile était de la plus riche dentelle. Des bagues du plus grand prix ornaient ses jolis doigts ;

24

mais ce qu'il y avait de choquant, ses petit pieds, blancs comme la neige, avaient des souliers et pas de bas.

Les vêtements de l'autre jeune fille ressemblaient assez à ceux de la première, mais ils étaient d'une étoffe inférieure. Elle portait moins de bijoux et d'ornements. Ce n'était point de l'or, mais de l'argent qui brillait sur sa tête. Son voile était d'une gaze plus grossière. Il y avait autant d'assurance dans ses regards, mais moins d'indépendance. Sa chevelure était plus épaisse et moins longue. Ses yeux étaient aussi noirs, mais plus vifs et plus petits.

Ces deux personnes prodiguaient leurs soins à Don Juan : elles lui donnèrent des vêtements et de la nourriture; il en reçut aussi ces petites attentions qui, je dois l'avouer, ne sont connues que des femmes, toujours ingénieuses dans les inventions délicates. Elles firent un excellent bouillon : c'est un aliment que la poésie se permet rarement de nommer ; mais, depuis le repas que l'Achille d'Homère commanda pour ses nouveaux hôtes, jamais on n'avait préparé un mets plus exquis.

Je veux vous apprendre quel était ce couple féminin, de peur que vous n'alliez croire que c'était des princesses déguisées. Je hais les contes mystérieux et les coups de théâtre, qui sont si fort du goût de nos poètes modernes. Je vais donc, sans plus tarder, faire paraître devant vos yeux ces deux beautés telles qu'elles étaient réellement. L'une était la maîtresse, et l'autre la suivante. La première était la fille unique d'un vieillard qui vivait sur la mer.

Il avait été pêcheur dans sa jeunesse, et c'était bien encore une espèce de pêcheur; mais d'autres spéculations l'attiraient sur la mer, spéculations moins honorables, il est vrai, que la pêche. Un peu de contrebande et un peu de piraterie l'avaient, au bout du compte, rendu seul propriétaire d'un million de piastres qui avaient en maint autre maître avant lui.

C'était donc un pêcheur, mais un pêcheur d'hommes, comme l'apôtre saint Pierre... et il allait à la pêche des vaisseaux marchands, qui parfois tombaient en assez grand nombre dans ses filets. Il confisquait les cargaisons, cherchait aussi des profits dans le marché des esclaves, et fournissait plus d'un morceau friand pour cette branche du commerce turc, où l'on trouve beaucoup à gagner.

Il était Grec, et il avait bâti dans son île (qui était une des Cyclades, une des plus petites et des plus sauvages) une très-jolie maison du fruit de son coupable trafic ; là il vivait dans une heureuse aisance. Dieu sait tout l'or qu'il avait volé, et tout le sang qu'il avait répandu ! C'était un vieillard, et... s'il vous plaît, d'une humeur assez triste. Ce que je sais, c'est que sa maison était un bâtiment spacieux, rempli de sculptures, de tableaux et de dorures dans le goût barbaresque.

Il avait une fille unique appelée Haïdée, la plus riche héritière des Cyclades, et si belle que sa dot n'était rien en comparaison de son sourire. N'ayant pas encore vingt ans, elle croissait telle qu'un joli arbre, et, en devenant femme, rejetait de temps en temps quelques amants, pour apprendre comment elle ferait pour accepter un jour celui qui saurait lui plaire.

Elle se promenait sur le rivage, au coucher du soleil, lorsqu'elle rencontra près de la grotte le pauvre Don Juan sans mouvement, exténué et presque mort de faim. Il était nu; elle recula d'abord avec dégoût, comme on pense bien. Cependant elle crut que l'humanité lui faisait une loi de recueillir un étranger qui se mourait, et qui avait la peau si blanche.

Mais le conduire dans la maison de son père, ce n'était guère le moyen de le sauver, pas plus qu'on ne sauverait une souris en la livrant au chat, ou un homme en léthargie en l'enterrant. Le vieux pirate avait tant de vou¢, que, bien différent de ces honnêtes voleurs arabes, il eût guéri d'abord son hôte, et l'eût ensuite vendu, dès qu'il aurait été hors de danger.

Aidée des conseils de sa suivante (une jeune fille se confie toujours à sa suivante), elle résolut, pour le moment, de déposer Juan dans la grotte; et, lorsqu'il ouvrit enfin ses yeux noirs, leur charité s'intéressa davantage à l'étranger, et leur compassion s'accrut à un tel degré, qu'elle aurait pu leur faire ouvrir la barrière du ciel. Saint Paul nous apprend que c'est là le droit de péage qu'on exige là-haut.

Elles allumèrent du feu comme elles purent, avec les combustibles qu'elles recueillirent dans les alentours de la baie, tels que des planches et des débris de vaisseaux, qui étaient si secs et si vermoulus, qu'un mât était réduit à la grosseur d'une béquille. Dieu merci! les naufrages étaient si fréquents dans ces parages, qu'elles auraient trouvé de quoi allumer vingt feux au lieu d'un.

Juan fut déposé sur un lit de fourrures, et couvert d'une pelisse, car Haïdée se dépouilla de ses vêtements pour faire sa couche : afin qu'il fût plus à l'aise et plus chaudement en cas qu'il vînt à se réveiller pendant leur absence, Haïdée et sa suivante lui laissèrent chacune un jupon; elles se promirent de lui rendre visite au lever de l'aurore, et de lui porter pour son déjeuner des œufs, du café, du poisson et du pain.

Elles le laissèrent donc seul dans cet appartement d'un nouveau genre, où il dormit comme une toupie, ou comme les morts qui dorment plus profondément peut-être (car Dieu seul le sait) en attendant le grand jour du réveil. Aucun songe ne vint troubler son paisible repos ni lui retracer ses infortunes passées : visions maudites, qui nous offrent un tableau si vrai de nos douleurs, que l'œil abusé s'ouvre tout à coup, humide de larmes!

Don Juan dormit donc sans rêves; mais Haïdée, qui avait arrangé son oreiller, tourna la tête pour le regarder encore une fois avant de sortir de la grotte, et elle s'arrêta, croyant qu'il l'appelait... Juan était assoupi déjà; mais elle avait cru entendre son nom; elle le dit, du moins, oubliant que le jeune étranger l'ignorait encore (Hélas! notre cœur nous échappe aussi vite que la plume ou la langue!)

Elle s'en retourna toute pensive à la maison de son père, recommandant le plus grand secret à Zoé, qui au fond connaissait mieux qu'elle ce qui se passait dans son âme. Zoé était d'un an ou deux plus savante que sa maîtresse : deux ans valent un siècle lorsqu'ils sont bien employés : or Zoé avait profité de son temps, comme la plupart des femmes, pour acquérir cette utile science que l'on puise à la bonne école de la nature.

Le matin parut et trouva Juan dormant encore dans sa grotte, où rien n'avait troublé son profond sommeil. Le murmure d'un ruisseau voisin, les premiers rayons du jour, rien ne put l'interrompre; il se reposa tranquillement de ses longues fatigues; le sommeil, comme on pense bien, lui était nécessaire. Qui avait jamais souffert comme lui? On ne peut rien trouver de comparable à ses infortunes, si ce n'est dans les relations de mon grand-père.

PARISINA.

I.

C'est l'heure où le rossignol fait entendre du haut des arbres ses accents mélodieux : c'est l'heure où les promesses des amants semblent si douces dans chaque mot prononcé tout bas. La brise qui soupire et l'eau qui tombe ici près enchantent de leur musique le rêveur solitaire; les fleurs s'humectent des gouttes légères de la rosée; les étoiles sont réunies dans le firmament. L'onde est d'un azur plus foncé; les feuilles d'un vert plus sombre; les cieux présentent ce clair-obscur, cette ombre si douce et si pure qui accompagne le déclin du jour quand le crépuscule se fond et s'évanouit devant les rayons de la lune.

II.

Mais ce n'est pas pour écouter le bruit de la cascade que Parisina quitte le palais des princes d'Este, ce n'est pas pour admirer la lumière des cieux qu'elle s'avance dans les ombres de la nuit. Si elle s'arrête sous ce berceau, ce n'est pas pour y cueillir la fleur épanouie. Elle écoute, mais ce n'est pas le rossignol, quoique son oreille attende des accents aussi doux que les siens. Quelqu'un se glisse à travers l'épais feuillage : le front de Parisina pâlit, et son cœur palpite; une voix l'appelle doucement au milieu des feuilles frémissantes; la rougeur revient sur ses joues, et son cœur est comme oppressé. Encore un moment, ils seront ensemble : ce moment passe, son amant est à ses pieds.

III.

Que leur importe le monde et tous les changements qu'y amène la mobilité du temps? Les créatures qui l'animent, la terre, les cieux, ne sont rien pour leur esprit et pour leurs yeux; aussi indifférents que ceux qui ne sont plus, pour tout ce qui les entoure, pour tout ce qui est à leurs pieds et au-dessus de leur tête; comme si tout le reste avait cessé d'exister, ils respirent uniquement l'un pour l'autre; leurs soupirs mêmes sont remplis de délices. Leur ivresse est si grande que, si ce délire brûlant ne perdait enfin de son ardeur, il consumerait les cœurs dans lesquels il s'allume. L'idée du crime, celle du danger ne viennent-elles point troubler leur douce rêverie? Ah! celui qui a connu l'amour éprouva-t-il l'hésitation ou la crainte dans ces moments enchanteurs? pensa-t-il à leur courte durée?

Mais ils sont déjà loin ! Hélas ! il faut nous réveiller avant de savoir que ces songes ne se renouvelleront plus.

IV.

Ils s'éloignent avec des yeux languissants de l'asile qui a protégé leurs coupables plaisirs, ils espèrent de se revoir ; ils le jurent, et pourtant ils s'affligent comme si c'était un dernier adieu. Sur le front de Parisina brille la clarté de ce ciel dont elle craint d'implorer vainement un jour le pardon ; tous les astres lui semblent des témoins accusateurs. De fréquents soupirs, de longs embrassements, leurs lèvres qui refusent de se désunir, tout retient les amants au lieu du rendez-vous ; mais il le faut, il faut se séparer. Leurs cœurs sont oppressés et tremblants ; ils éprouvent ce frisson glacé qui suit de près les actions criminelles.

V.

Hugo s'est retiré dans sa couche solitaire, où ses désirs appellent encore l'épouse d'un autre. C'est sur le cœur confiant d'un époux que Parisina va reposer sa tête coupable ; mais le délire de la fièvre semble troubler son sommeil. Les rêves qui l'agitent répandent une vive rougeur sur ses joues : dans son insomnie, elle répète un nom qu'elle n'eût pas osé prononcer pendant le jour, et presse son époux sur ce sein qu'un autre fait palpiter : il s'éveille à ces tendres embrassements, et, heureux en idée, il croit inspirer, comme auparavant, ces soupirs et ces tendres caresses qui faisaient jadis son erreur ; il est prêt à pleurer d'amour sur celle qui l'adore même pendant son sommeil.

VI.

Il presse contre son cœur Parisina endormie, et prête une oreille attentive à ses discours entrecoupés ; il écoute..... Pourquoi le prince Azo tressaille-t-il soudain comme s'il entendait la voix de l'archange ? Il en a sujet ! Il ne sera pas plus terrible le son qui ébranlera sa tombe, quand il se réveillera pour ne plus se rendormir, et pour comparaître devant le trône éternel. C'en est fait, dès ce moment, de son bonheur sur la terre. Ce nom, que murmure tout bas Parisina, dans le trouble de son sommeil, atteste son crime et la honte d'Azo Quel est-il ce nom qui retentit dans sa couche comme la vague mugissante qui lance sur le rivage une chétive barque et anéantit contre un roc le malheureux naufragé ? Tel est l'effet de ce nom sur son âme ! Quel est ce nom ? c'est celui d'Hugo, de son !... Aurait-il pu l'imaginer : d'Hugo... l'enfant de celle qu'il aima dans sa jeunesse imprudente ; son fils, le fruit d'un amour illégitime... le fils de la crédule Blanche, assez faible pour se livrer à un prince qui ne devait pas être son époux.

VII.

Azo porta la main sur son poignard ; mais il le laissa retomber dans le fourreau avant de l'avoir entièrement tiré. Elle est indigne de vivre ; mais pouvait-il tuer une épouse si belle ?... Si encore elle ne sommeillait pas à son côté, si le sourire n'avait pas été sur ses lèvres.... Non, et, bien plus, il ne voulut pas la réveiller ; mais il fixa sur elle un regard qui eût glacé tous les sens dans un sommeil plus profond, si, fuyant les fantômes de ses songes, elle avait ouvert les yeux en ce moment et aperçu le front d'Azo inondé de grosses gouttes de sueur, dans lesquelles se réfléchissait la sombre lueur de la lampe. Parisina a cessé de parler, mais elle dort encore, ignorant que le nombre de ses jours vient d'être compté.

VIII.

Au retour du matin , Azo interroge tous ceux qui habitent le palais, et ne recueille que trop de preuves de ce qu'il tremble de découvrir. Tout lui confirme la faiblesse de Parisina et l'affront de son époux. Les suivantes de la princesse , qui ont longtemps favorisé son infidélité, cherchent à éviter le châtiment qu'elles méritent, en rejetant tout le blâme sur leur souveraine. Ce n'est plus un secret ; elles n'oublient aucune des circonstances qui peuvent attester la vérité de leurs révélations. Le cœur désolé d'Azo n'a rien de plus à sentir et à apprendre.

IX.

Il n'était point de ces hommes qui souffrent les délais. Le successeur des anciens princes de la maison d'Est , assis sur son trône dans la chambre du conseil , est entouré des grands de sa cour et de ses gardes. Devant lui sont les deux criminels, l'un et l'autre encore à la fleur de leur âge. Il en est un dont rien n'égale la beauté. Faut-il , ô Christ! qu'un fils paraisse désarmée, et les mains chargées de fers, en présence de son père ! Voilà comment Hugo est amené pour entendre le sien prononcer dans sa colère une sentence de mort et son propre déshonneur. Hugo n'a pas l'air consterné, quoique sa bouche garde un morne silence.

X.

Muette comme lui , pâle et immobile , Parisina attend sa condamnation. Qu'elle est changée de celle dont les regards expressifs inspiraient la gaieté dans un palais où les seigneurs étaient fiers de la servir , et où les belles cherchaient à imiter l'accent de sa voix , les charmes de son maintien , en un mot , à copier les grâces de leur reine! Ah ! si son œil eût alors versé des larmes , mille glaives auraient brillé, mille guerriers seraient accourus : tous eussent brigué la faveur d'être les chevaliers vengeurs de sa querelle. Maintenant , qu'est-elle? Pourrait-elle commander? Les courtisans obéiraient-ils ? Tous observent le plus profond silence : les yeux baissés , fronçant le sourcil , les bras croisés sur leur poitrine, offrant un aspect sévère, et contenant à peine sur leurs lèvres l'expression de leur dédain : voilà le tableau que présentent les chevaliers, les dames , et toute la cour. Le jeune héros de son choix , dont la lance en arrêt eût prévenu son regard , et qui , s'il était libre un moment , eût obtenu sa délivrance au péril de sa vie ; l'amant chéri de l'épouse de son père est auprès d'elle , et ses bras sont chargés de chaînes ; il ne peut voir ses yeux qui pleurent moins sur sa propre infortune que sur celle de son complice. La veille encore, une veine légère dessinait à peine quelques lignes d'azur sur l'albâtre de ses paupières dont la blancheur appelait le baiser. Aujourd'hui, pâles et livides; elles semblent comprimer plutôt que voiler ses yeux mourants qui se remplissent de larmes.

XI.

Hugo lui-même aurait pleuré sur elle, s'il n'eût été l'objet de tous les regards. Son chagrin restait assoupi , son front avait quelque chose de sombre et de hautain. Il eût rougi de s'attendrir et de trembler devant la foule ; mais il n'osait regarder Parisina ! Le souvenir des jours qui n'étaient plus , son crime, son amour, son état présent, le courroux de son père, l'indignation de tous les hommes vertueux, sa destinée sur la terre et dans le ciel, mais surtout la destinée de celle... voilà les pensées qui l'occupent ! Osera - t - il contempler ce front pâle comme la mort?... Non , il craindrait que son cœur ne laissât éclater le remords des maux dont il s'accuse.

XII.

Azo prit la parole :

« Hier encore j'étais fier de mon épouse et de mon fils. Ce songe s'est évanoui ce matin. Avant la fin du jour, je n'aurai plus ni fils ni épouse. Je suis condamné à une vie solitaire et languissante. Eh bien ! que mon sort soit accompli ! Qui ne ferait ce que je suis forcé de faire? Qui a brisé les nœuds qui nous unissaient? Ce n'est pas moi. Mais le ciel l'a voulu : le supplice se prépare. Hugo ! un prêtre t'attend , et puis tu iras recevoir la récompense de ton crime. Adieu ! adresse tes prières au ciel ! Tu as encore jusqu'au retour de l'étoile du soir pour te réconcilier, s'il est possible, avec ton Dieu. Sa miséricorde peut seule t'absoudre ; mais sur la terre il n'est point de lieu où toi et moi nous puissions respirer une heure le même air. Je ne te verrai point mourir ; mais toi, épouse infidèle, tu verras tomber sa tête. Adieu, femme au cœur impudique. Ce n'est pas moi, c'est toi-même qui répands le sang d'Hugo. Survis, si tu peux , au spectacle dont je te rendrai témoin. Réjouis-toi de la vie que je t'accorde. »

XIII.

A ces mots, le sévère Azo se voila le visage. Les veines de son front battirent avec violence , comme si le sang qu'elles contenaient avait été refoulé un moment. Il baissa la tête et passa sa main tremblante sur ses yeux pour les dérober aux regards de l'assemblée. Hugo cependant élève vers lui ses bras enchaînés, et réclame un moment de délai pour répondre à son père. Le prince garde le silence et ne refuse pas de l'entendre.

« Ce n'est pas que je craigne la mort , dit-il ; tu m'as vu à ton côté répandre le carnage : ce fer qui ne fut jamais inutile dans ma main , ce fer que m'ont arraché les gardes , a versé pour toi plus de sang que n'en fera couler la hache de mon supplice. Tu m'avais donné la vie , tu peux la reprendre : c'est un présent dont je ne te remercie pas. Je n'ai point oublié les malheurs de ma mère ; son amour dédaigné, sa réputation flétrie, et l'héritage de sa honte légué à son enfant ; mais elle est descendue dans la tombe, où ce fils , qui fut le tien et ton rival , va bientôt la rejoindre. Son cœur désolé par toi, ma tête tranchée par tes bourreaux , attesteront chez les morts la fidèle tendresse de tes premiers amours et ta sollicitude paternelle. Il est vrai que je t'ai offensé ; mais offense pour offense ! Cette nouvelle épouse, autre victime de ton orgueil , c'était à moi qu'elle était destinée ! Tu ne l'ignores pas ! Tu la vis; tu fus jaloux de posséder ses charmes , et , me raillant de ma naissance dont le crime t'appartenait tout entier, tu me jugeas peu digne d'obtenir la main de Parisina. Je ne pouvais en effet réclamer le juste héritage de ton nom , ni m'asseoir sur le trône des princes de ta race. Ah ! pourtant, s'il m'était accordé quelques années encore , je saurais rendre mon nom plus illustre que celui de la maison d'Est , et prétendre à des honneurs que je ne devrais qu'à moi seul. J'avais une épée ! J'ai un cœur qui eût été capable de conquérir un casque au moins aussi superbe qu'aucun de ceux qui ont orné le front des souverains de ton sang. Ce n'est pas toujours le fils le mieux né qui a gagné les plus brillants éperons ; et les miens ont souvent lancé mon coursier plus loin que ceux des princes de la plus haute naissance , lorsque je chargeais l'ennemi au cri terrible d'Est et victoire.

« Je ne veux point plaider la cause du crime, ni implorer de ta pitié quelques jours , quelques heures , quand le temps doit enfin passer sur ma cendre insensible.

« Des jours cruels comme ceux qui se sont écoulés pour moi ne pouvaient pas durer. Mon nom et ma naissance n'ont rien que de vil, et ton orgueil refusait d'honorer un homme tel que moi ! Cependant dans mes traits on reconnaît quelques-uns des tiens ; et mon âme, elle vient toute de toi. C'est de toi que vient mon humeur farouche. De toi... pourquoi tressaillir tout à coup ? oui, de toi viennent la force de mon bras et le feu de mon cœur ! Tu ne m'as pas donné seulement la vie, mais encore tout ce qui me permet à plus juste titre de t'appeler mon père ! Vois ce qu'ont produit tes coupables amours ; le ciel t'a envoyé un fils trop semblable à toi-même. Ce n'est point l'âme d'un fils bâtard, celle qui est indomptable comme la tienne. Quant au souffle de vie que tu m'as donné et que tu reprends si tôt, j'en faisais le même cas que toi, lorsque, la tête armée d'un casque, nous avons plusieurs fois précipité ensemble nos coursiers sur les cadavres sanglants. Le passé n'est rien, l'avenir est bientôt semblable au passé ; plût au Ciel cependant que j'eusse alors trouvé le trépas ! Tu as fait, il est vrai, l'infortune de ma mère ; tu m'as ravi l'épouse qui m'était destinée. Hé bien ! je le sens, tu es encore mon père ; et toute terrible qu'est ta sentence, elle est juste, quoiqu'elle vienne de toi. Je fus le fruit d'un crime. Je meurs avec honte, ma vie finit comme elle a commencé. La faute du fils fut la faute du père, tu les punis tous deux en moi. Je parais le plus criminel aux yeux des hommes ; mais c'est à Dieu seul qu'il appartient de juger. »

XIV.

Il dit, et fit retentir, en croisant ses bras, les fers dont il était chargé. Le choc de ses chaînes frappa douloureusement l'oreille de tous les chefs rassemblés dans la salle. Mais ce furent bientôt les charmes funestes de Parisina qui attirèrent tous les regards. Pouvait-elle écouter avec tant de calme la sentence prononcée contre son amant, elle, la cause vivante de tous ses malheurs ? Ses yeux hagards n'erraient pas de côté et d'autre, et n'étaient pas voilés de leurs paupières ; mais une terne blancheur s'étendait autour de ses prunelles d'azur. On eût cru, à son regard insensible, que son sang s'était glacé dans ses veines ; de temps à autre cependant ses beaux yeux laissaient tomber une larme lentement amassée. C'est une chose qu'il faudrait avoir vue, et ceux qui la virent s'étonnèrent que les yeux des mortels continssent de telles larmes.

Elle essaya de parler, les sons de sa voix à demi formés expirèrent au passage et ne firent entendre qu'un son étouffé. Il semblait cependant que son cœur tout entier était dans ce triste gémissement. Elle voulut tenter encore une fois d'articuler quelques paroles ; elle ne put pousser qu'un cri prolongé, et tomba comme une statue renversée de sa base ; plus semblable à un corps qui n'a jamais joui de la vie, ou à un marbre représentant l'épouse d'Azo, qu'à cette belle coupable dont le cœur avait pu s'abandonner à une irrésistible passion, mais qui ne pouvait supporter sa honte et son désespoir... Elle vivait encore... On ne l'eut que trop tôt arrachée à cette mort passagère, mais sa raison était perdue. Tous ses sens avaient été déchirés par la forte contraction de la douleur, et les fibres de son cerveau ne produisaient plus que des pensées vagues et sans suite, semblable à la corde d'un arc, qui, relâchée par la pluie, n'envoie plus que des traits égarés. Le tableau du passé est effacé pour elle, l'avenir est obscurci par d'épaisses ténèbres qu'interrompent parfois quelques sillons de lumière, pour lui en découvrir toute l'horreur : tels, au milieu d'une nuit orageuse, quelques éclairs brillent dans la solitude du désert.

Elle sent avec une frayeur secrète qu'un poids cruel est sur son cœur ; elle le trouve si froid et si oppressé, qu'elle comprend que le crime et la honte l'accablent. Elle se rappelle que la mort devait frapper quelqu'un ; mais qui? elle l'a oublié. Vit-elle encore? est-ce bien la terre qu'elle foule sous ses pas, et le ciel qu'elle aperçoit au-dessus de sa tête? sont-ce des hommes qui l'entourent, ou des esprits infernaux dont les sombres regards la menacent, elle pour qui jadis le sourire épanouissait tous les visages? Tout est confus et inexplicable pour son âme en délire ; tout lui paraît un chaos d'espérances et de craintes. Riant et pleurant tour à tour, mais toujours avec l'expression de la folie, elle se croit livrée à un songe convulsif : oh ! c'est en vain qu'elle tentera de se réveiller.

XV.

L'airain des cloches balancées dans la tour grisâtre du couvent fait entendre ces sons prolongés et lamentables qui vont retentir douloureusement dans tous les cœurs. Déjà on chante l'hymne composée pour les habitants du tombeau et pour ceux qui doivent bientôt y descendre. C'est pour l'âme d'un homme qui va périr que retentissent les chants de la mort et les cloches lugubres; il est près du terme de ses jours, le genou fléchi aux pieds d'un moine sur la terre nue et froide. O douleur ! l'échafaud est devant lui; les gardes l'environnent, et le bourreau, les bras nus, se tenant prêt à frapper un coup prompt et sûr, examine le tranchant de la hache. La foule accourt et vient voir dans une muette terreur le fils recevant le trépas par l'ordre du père.

XVI.

C'était un beau soir d'été, à l'heure où se couche le soleil, dont la lumière éclairait un jour si tragique. Ses derniers rayons tombèrent sur la tête de Hugo au moment où il terminait ses tristes aveux, et où, déplorant sa destinée avec l'accent du repentir, il se baissait pour entendre de la bouche de l'homme de Dieu les paroles sacrées qui ont le pouvoir d'effacer les souillures du crime : ce fut dans ce moment que les feux de l'astre du jour éclairèrent les boucles pendantes de sa noire chevelure ; mais ce fut surtout sur la hache homicide que vint se réfléchir cette lumière comme un éclair menaçant.

XVII.

Elles sont finies les prières de ce fils perfide, de cet amant audacieux. Ses doigts ont fait le tour du rosaire, et toutes ses fautes sont déclarées. La dernière heure de ses jours a sonné; on l'a dépouillé de son manteau ; sa noire chevelure va tomber sous les ciseaux. L'écharpe, qui ne l'a jamais quitté, ce don de Parisina, ne l'accompagnera pas à la tombe; cette écharpe va lui être ravie, et un bandeau va couvrir ses yeux : mais non, ce dernier outrage ne sera point fait à son front superbe. Les sentiments de fierté qui ont animé son cœur soumis en apparence se soulèvent à demi dans l'expression d'un profond dédain, lorsque la main du bourreau veut lui bander les yeux, comme s'ils n'avaient osé regarder la mort; il repousse ce bandeau humiliant.

« Non, non, dit-il, j'abandonne mon sang et ma vie. Voilà mes mains enchaînées ; mais que je meure au moins les yeux libres ; frappe !... » En prononçant ces mots, il pose la tête sur le billot fatal. « Frappe ! » Ce fut la dernière parole de Hugo, et la hache obéit. La tête roule, le tronc sanglant recule et s'enfonce dans la poussière. De toutes les veines jaillissent des flots de sang. Les yeux et les lèvres s'agitent; mais cette convulsion eut bientôt cessé.

26

Il mourut comme le devait un coupable, sans vaine ostentation; il avait prié et fléchi les genoux, résigné, ne dédaignant pas les secours de la religion, et sans désespérer de la miséricorde divine. Pendant qu'il baissait la tête devant le ministre du ciel, son cœur était séparé de toute pensée terrestre : son père irrité, son amie malheureuse, n'étaient rien pour lui dans ce moment. Plus de plaintes, plus de désespoir ; il ne songeait qu'au ciel, et ne parla plus que pour l'implorer, excepté dans les derniers mots qui lui échappèrent, lorsque, prêt à recevoir le coup du trépas, il demanda à mourir les yeux non voilés : ce furent ses seuls adieux aux témoins de son supplice.

<h3 style="text-align:center">XVIII.</h3>

Muets comme celui dont les lèvres venaient d'être fermées par le sceau de la mort, les spectateurs osaient à peine respirer ; mais de l'un à l'autre se communiqua un frisson électrique au moment où la hache tomba sur celui dont la vie et les amours recevaient une fin si triste. Un saisissement soudain repoussa au fond de tous les cœurs un gémissement prêt à s'en échapper. Rien ne troublait le profond silence qui régna après le bruit fatal de la hache. Mais quel est ce cri de démence et d'horreur qui vient fendre l'air, semblable à celui que pousse une mère privée de son fils par un coup inattendu? Ce cri terrible s'élève jusqu'au ciel comme les accents d'une âme livrée à d'éternelles souffrances. C'est du palais d'Azo qu'il est parti. Tous les regards se portent de ce côté; on ne voit rien, on n'entend plus rien : c'était le cri d'une femme, et jamais le désespoir n'eut de voix plus douloureuse. Puisse-t-il avoir terminé la vie de cette infortunée! c'est le vœu que forme la pitié de tous les spectateurs.

<h3 style="text-align:center">XIX.</h3>

Hugo a péri ; et depuis ce jour on ne voit plus Parisina dans le palais ni dans les jardins. On croirait qu'elle n'a jamais existé : son nom est banni de toutes les bouches, comme ces mots étranges qui font naître l'inquiétude et l'effroi. Jamais le prince Azo ne parla de son épouse ni de son fils; leurs cendres furent regardées comme profanes, du moins celles du chevalier immolé par la hache du bourreau. Mais le sort de Parisina demeura inconnu comme ses restes dans la bière où ils furent ensevelis.

Alla-t-elle chercher un refuge dans un couvent pour y gagner le ciel par le chemin pénible de la pénitence, au milieu des remords et des larmes ? Le poignard ou le poison punirent-ils ses adultères amours ? ou dut-elle à la pitié du ciel d'expirer, dans une moins longue agonie, le cœur brisé du même coup qui trancha les jours de son complice, lorsqu'elle le vit tomber sous le couteau fatal ? On l'ignore, on l'ignorera toujours; mais quel qu'ait été son sort dans ce monde, sa vie commença et finit dans les douleurs.

<h3 style="text-align:center">XX.</h3>

Azo prit une autre épouse, et des fils vertueux entourèrent sa vieillesse; aucun ne fut aimable et vaillant comme celui qui dormait dans la nuit de la tombe, ou du moins leur père les vit avec les yeux de l'indifférence, et en poussant des soupirs étouffés; mais jamais les larmes ne coulèrent sur ses joues; jamais le sourire n'éclaircit son large front, où l'on vit de bonne heure les rides de la pensée, sillons tracés par le chagrin brûlant, cicatrices des blessures de l'âme. Il n'y eut plus pour lui de joies ni de douleurs. La nuit, le sommeil s'envolait loin de ses paupières, et la tristesse obscurcissait tous ses jours. Insensible au blâme comme à la louange, son cœur le fuyait lui-même : mais ses peines l'assiégeaient toujours ; et c'était lorsqu'il semblait être le moins tourmenté par ses souvenirs, qu'ils le poursuivaient le plus cruellement. La glace la plus épaisse ne peut durcir que la surface d'un fleuve ; l'eau toujours vive coule au-dessous et ne peut cesser de couler. L'âme d'Azo ne pouvait bannir ses noires réflexions ; la nature leur avait donné des racines trop profondes... Nous avons beau vouloir tarir nos larmes, elles coulent du cœur ; c'est en vain que nous voulons leur fermer le passage : ces larmes non répandues reviennent à leur source et s'y arrêtent plus pures, invisibles, mais non glacées, et d'autant plus amères qu'elles sont moins révélées.

Azo surprenait souvent son cœur dans des retours de tendresse involontaire pour ceux qu'il avait condamnés. Il ne lui était plus possible de remplir le vide qui le désolait. Aucun espoir pour lui de rencontrer les objets de ses regrets dans le séjour où se réunissent les âmes des justes ! tout convaincu qu'il était de leur crime et de sa justice, la douleur le poursuivit jusque dans sa vieillesse.

Lorsqu'une main prudente élague les branches malades, l'arbre n'en voit que mieux reverdir son feuillage ; mais si la foudre, dans sa fureur, a brûlé ses rameaux tremblants, le reste du tronc se dessèche et ne produit plus de feuilles.

FIN.

TABLE DES MATIÈRES.

		Pages.
Avis de l'Éditeur.	. . . .	1
Notice sur lord Byron.	. . . .	3
Adieu.	. . . .	7
Vers de lady Byron. — I. A Ada.	. . . .	8
— — — II. Vers adressés à une amie.	. . . .	9
Vers adressés par lord Byron à sa femme, le sixième anniversaire de leur mariage.	. .	10
A Augusta.	. . . .	Ibid.
A ma fille.	. . . .	11
Lord Byron au Colysée.	. . . .	12
Souvenir du Colysée.	. . . .	15
La comtesse Guiccioli.	. . . .	16
Stances pour la comtesse Guiccioli.	. . . .	17
Beppo.	. . . .	18
La fiancée d'Abydos.	. . . .	24
Le Corsaire. . ,	. . . .	41
Le siége de Corinthe.	. . . .	68
Le naufrage de don Juan.	. . . .	81
Parisina.	. . . .	96

www.ingramcontent.com/pod-product-compliance
Lightning Source LLC
Chambersburg PA
CBHW060430090426
42733CB00011B/2221